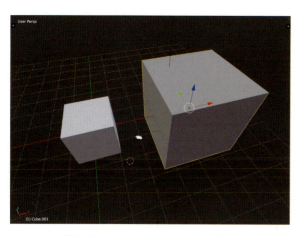

図 2.10　Python による立方体の生成

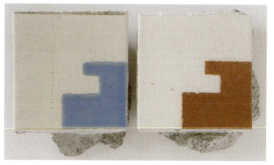

図 3.4　日仏会館の実際のタイル（展示会図録より）

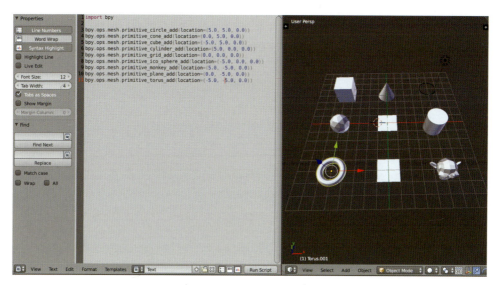

図 2.12　Blender 上での Python スクリプトファイルの実行

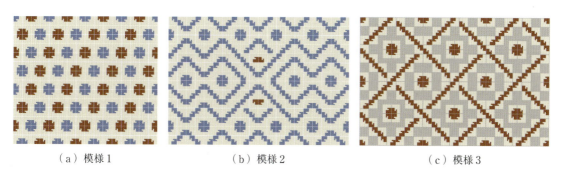

（a）模様 1　　　　　　　　　（b）模様 2　　　　　　　　　（c）模様 3

図 3.5　日仏会館のタイル模様

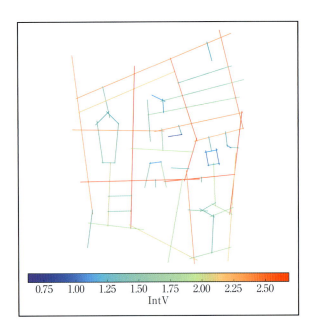

図 4.8 matplotlib を用いた axial line の出力

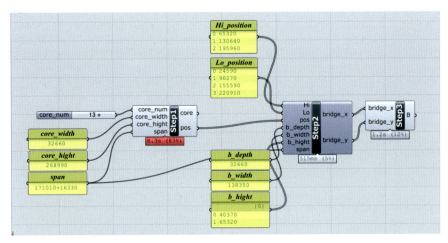

図 7.9 Grasshopper 定義ファイルに示されるコンポーネント接続図

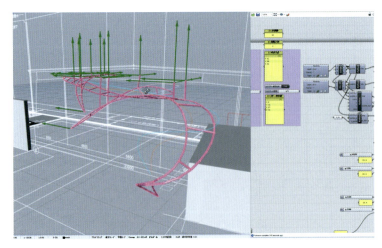

図 7.13 形状シミュレーション画面

# デザイン・コンピューティング入門

## ─Python による建築の形態と 機能の生成・分析・最適化─

日本建築学会 編

コロナ社

# 本書関係委員

（2017 年 3 月）　五十音順・敬称略

## 日本建築学会 情報システム技術委員会

委員長　　倉田　成人
幹　事　　池田　靖史　　　猪里　孝司　　　大崎　　純　　　下川　雄一
委　員　　（省略）

## デザイン科学教育方法研究小委員会

主　査　　藤井　晴行
幹　事　　大崎　　純　　　長坂　一郎
委　員　　位寄　和久　　　岩田伸一郎　　　川角　典弘　　　小林　祐貴
　　　　　藤田慎之輔　　　水谷　晃啓　　　安田　　渓　　　渡辺　　俊

## 執 筆 担 当 者

第 1 章　　渡辺　　俊　　藤井　晴行
第 2 章　　2.1　藤田慎之輔　　　大崎　　純　　　安田　　渓
　　　　　2.2　藤田慎之輔　　　大崎　　純
　　　　　2.3　大崎　　純　　　藤井　晴行
　　　　　2.4　大崎　　純
　　　　　2.5　小林　祐貴
第 3 章　　3.1　渡辺　　俊
　　　　　3.2　藤田慎之輔　　　大崎　　純
　　　　　3.3　小林　祐貴
第 4 章　　4.1　渡辺　　俊
　　　　　4.2　小林　祐貴
　　　　　4.3　安田　　渓
第 5 章　　藤田慎之輔　　　大崎　　純
第 6 章　　長坂　一郎
第 7 章　　7.1　藤田慎之輔
　　　　　7.2　水谷　晃啓
　　　　　7.3　水谷　晃啓

# は じ め に

　本書では，プログラム言語 Python を用いて建築の研究や設計に用いられる代表的な数理的手法のいくつかを解説します。私たちは数理的手法を使いこなして建築の研究や設計に活用したいと思っている人たちを対象に，本書を執筆しました。形態生成，最適化，知識処理などの数理的手法の要点を説明し，それらを Python によってプログラミングする方法を解説します。数理的手法の説明を読み，自分の手でプログラムを書いてみることが数理的手法を使いこなすための一歩になると考えています。

　今日，さまざまな数理アプリケーションを手軽に用いることが可能です。内部でどのような計算をしているのかを知らなくても，データを入力すると答えらしきものが出力されます。どのような計算がなされているかを知ると，アプリケーションを適切に使用したり自由自在に使いこなしたりすることが可能になります。自動車の運転に例えてみましょう。自動車の仕組みや構造を詳しく知らなくても，運転することは可能です。しかし，自動車を賢く使いこなすためにはこれらをよく知っていることが肝要です。アプリケーションの利用についても同様のことが言えます。

　本書を用いた学習のために高価なアプリケーションを入手する必要はありません。Python は数理的計算に広く用いることができるプログラム言語です。Python を用いたプログラム作成の環境は無償で入手することができます。また，さまざまなライブラリが提供されていて，これらを用いることによって，より高度で本格的なプログラムを作成することも可能です。なお，本書に登場するプログラムは Web ページからダウンロードすることができます（p. 7 参照）。

　本書は入門書です。学習を進めプログラムを開発していくと，本書では物足りないと感じるようになると思います。それは私たちにとって嬉しいことです。読者の皆さんが本書を入り口として，本格的な数理的手法を用いた研究や設計の世界に入ることを望んでいます。

　本書が皆さんのお役に立てれば幸いです。

2017 年 7 月

日本建築学会　デザイン科学教育方法研究小委員会

---

本書における，Microsoft, Windows, Python, Blender, Grasshopper ほか，記載されている会社名，商品名，製品名は，一般に各社の登録商標，商標，または商品名です。本文中では，TM, ©, ® マークは省略しています。

# 目　　　　　次

# 1　デザイン科学とコンピューティング

1.1　デザイン科学とは……………………………………………………………… 1

1.2　デザインにおける思考とは…………………………………………………… 2

1.3　プログラミングを学ぶ意味…………………………………………………… 5

# 2　Python　入　門

2.1　Python の概要と基本操作…………………………………………………… 8

　2.1.1　Python の 概 要　*8*　　　　　2.1.2　Python 本体と各種ライブラリのインストール　*8*

　2.1.3　基本的な操作と演算　*10*　　　2.1.4　条件分岐と繰り返し処理　*13*

　2.1.5　関 数 の 定 義　*15*　　　　　2.1.6　スクリプトファイルの作成とファイルの入出力　*16*

2.2　ライブラリの利用……………………………………………………………… 17

　2.2.1　標準ライブラリの利用　*17*　　2.2.2　matplotlib を用いたグラフの作成　*21*

　2.2.3　NumPy/SciPy を用いた数値解析　*23*　　2.2.4　ユーザーライブラリの作成　*25*

2.3　再帰プログラミング…………………………………………………………… 26

2.4　ク　　ラ　　ス………………………………………………………………… 29

2.5　CAD・CG ソフトウェアとの連係…………………………………………… 30

　2.5.1　Python で絵を描く方法　*30*　　2.5.2　Blender のインストールと Python スクリプトの実行　*31*

　2.5.3　図 形 の 配 列　*34*　　　　　2.5.4　フラクタル図形の生成　*35*

# 3　形 態 の 生 成

3.1　形 態 文 法…………………………………………………………………… 40

3.1.1 定　　　　義　40　　　　　3.1.2 CG1 の 実 装　42

3.1.3 建築デザインへの応用　44　　　3.1.4 日仏タイルの形態文法　45

## 3.2　形態の表現手法 …………………………………………………………… 50

3.2.1 ベ ジ エ 曲 線　50　　　　3.2.2 非一様有理 B スプライン　54

3.2.3 パラメトリック曲面　54

## 3.3　計 算 幾 何 学 …………………………………………………………………… 57

3.3.1 計算幾何学とは　57　　　　3.3.2 基本的なアルゴリズム設計技法
　　　　　　　　　　　　　　　　　　　　57

3.3.3 符 号 付 き 面 積　58　　　3.3.4 凸 包 の 描 画　58

3.3.5 ボロノイ図の定義と性質　61　　3.3.6 逐次添加法によるボロノイ図構成
　　　　　　　　　　　　　　　　　　アルゴリズム　61

3.3.7 Python を用いたボロノイ図の描画
　　　　62

# 4 分　　　析

## 4.1　グラフ・ネットワーク ………………………………………………………… 64

4.1.1 定　　　　義　64　　　　　4.1.2 最短経路問題　65

4.1.3 スペースシンタックス　70　　　4.1.4 最 近 傍 探 索　77

## 4.2　列　　　　挙 …………………………………………………………………… 80

4.2.1 列挙問題とは　80　　　　　4.2.2 多面体の展開のグラフ問題への対応
　　　　　　　　　　　　　　　　　　付け　80

4.2.3 アクセスグラフの全域木　84

## 4.3　待ち行列シミュレーション …………………………………………………… 86

4.3.1 建築における行動シミュレーション　4.3.2 $\alpha$ 法と $\beta$ 法―建築計画における規模
　　　と待ち行列　86　　　　　　　　算定に用いられる待ち行列理論
　　　　　　　　　　　　　　　　　　87

4.3.3 進め方―シンプルなモデルからはじ　4.3.4 人が行動するプログラムの骨格
　　　めよう　88　　　　　　　　　　88

4.3.5 1 人が 1 つのトイレを利用する　　4.3.6 複数人が 1 つのトイレを利用する
　　　　90　　　　　　　　　　　　94

4.3.7 SimPy を利用する　98　　　4.3.8 記録とその可視化をしながら，複数
　　　　　　　　　　　　　　　　　　人で複数個のトイレを利用　103

# 5 形態と性能の最適化

## 5.1　最適化問題とは ………………………………………………………………… 107

5.1.1 最適化問題の定義　107　　　5.1.2 最 適 化 手 法　109

iv    目    次

5.2 建築の最適化 ··············································································· 117

　5.2.1 建築の最適化問題の概要　117　　5.2.2 建築の最適化問題の例　117

5.3 形態の最適化 ··············································································· 124

　5.3.1 最適化手法を用いた建築形態設計の　　5.3.2 形態最適化の例　125
　　　　概要　124

# 6 デザインに関する知識の処理

6.1 知 識 表 現 ··············································································· 139

　6.1.1 デザインと知識表現　139　　6.1.2 知識とは？　139
　6.1.3 表現とは？　140　　6.1.4 推論とは？　140

6.2 論理に基づいた知識表現 ································································· 141

　6.2.1 命 題 論 理　141　　6.2.2 トートロジー　143
　6.2.3 推　　　論　144　　6.2.4 述 語 論 理　145
　6.2.5 述語論理による知識表現　146　　6.2.6 推　　　論　147
　6.2.7 プ ロ グ ラ ム　147

6.3 意味ネットワーク ········································································· 149

　6.3.1 継承による推論　151　　6.3.2 多重継承の問題　151
　6.3.3 プ ロ グ ラ ム　152

# 7 コンピューテーショナル・デザインの事例

7.1 Python を用いたテンセグリティの形状決定と施工事例 ························· 157

7.2 「東京計画 1960」のオフィス群配置デザインの再現プログラム ·············· 165

　7.2.1 「東京計画 1960」の概要　165　　7.2.2 丹下モジュールと「東京計画 1960」
　　　　　　　　　　　　　　　　　　　　　　　166
　7.2.3 オフィスエリアの概要とそのシス　　7.2.4 Python スクリプトの実行結果とその
　　　　テム　167　　　　　　　　　　　　　解説　170

7.3 そ の 他 の 事 例 ········································································· 176

　7.3.1 形状決定ツールとしての応用例　　7.3.2 ディジタルファブリケーションツー
　　　　　176　　　　　　　　　　　　　　ルとしての応用例　177

引用・参考文献 ···················································································· 179

索　　　　引 ······················································································ 181

# 1 デザイン科学とコンピューティング

本章では，デザインとは何か，デザイン思考とは何かについて考えるとともに，デザインにおけるコンピュータ利用について考える。特に，デザインと科学の関係を論理的に解説するとともに，デザインの修養においてプログラミングを学ぶ意味について解説する。

## 1.1 デザイン科学とは

「デザイン」とは，人によってその理解するところが異なる言葉であろう。多くの人はまず，ポスターやパッケージなど，表層的な図案や意匠のことを思い浮かべるかもしれない。あるいは，自動車や家電品など，製品全般にまで視野を広げ，機能的な意味も含めて「形態」を構想することと理解するかもしれない。

工学分野の人であれば，設計と同義語と考えるだろう。一方，政策デザイン，キャリアデザイン，ライフデザインのように，物理的な形態を伴わない場合にもデザインという言葉が用いられる。

さらに最近では，社会デザイン，情報デザイン，行動デザイン，コミュニティデザインといった言葉も使われており，デザインの外延はますます拡大し，さらにその意味するところが何なのかわかりづらくなっているように思われる。

ノーベル経済学賞を受賞したハーバート・サイモン（H. Simon）は，著書「システムの科学[1]†」の中で，「現存の状態をより好ましいものに変えるべく行為の道筋を考案すること」がデザインであるとした。有形・無形に限らず，われわれの社会を取り巻くすべての人工物（artifacts）は，目的に供するように試行錯誤した結果生み出されたものであり，その意思決定こそがデザインだとしたのである。

すなわち，デザインとは，一部で誤解されるような，センスのある人が上手に絵を描くことだけや単なる思い付きのみに立脚した発想の類ではなく，そこには望まれる結果を達成するための深い思慮が伴わなければならない。

「科学」もまた，人によってその理解するところが異なる言葉である。多くの人はまず，廊下の突き当たりの特別教室での実験授業の思い出から，理科教科をイメージするかもしれ

---

† 肩付き数字は，巻末の引用・参考文献の番号を表す。

ない。広義には，自然科学，人文科学，社会科学という言葉からも連想されるように，それは学問の基盤をなすものであり，それぞれの学問領域に合った独自の方法をもっている。一般的には，自然科学のように，主観的ではなく客観的な思考に基づく知識の体系と考えられるだろう。

一方で，何をもって客観的と認めるかは，背負っている立場により見解の相違がありそうである。例えば，人工知能研究の領域には知能や知性を一人称の視点から捉えようという動きもある[2]。

ノーベル物理学賞を受賞したスティーヴン・ワインバーグ（S. Weinberg）は著書「科学の発見[3]」の中で，科学とは「観察」「実験」「実証」に基づかなければならず，自然の観察抜きに論理や数学だけに頼って理解しようとするのは科学ではないと断じた。その意味では，アリストテレスやデカルトなど数多の科学史の偉人達も詩人にすぎず，科学と呼べるのは物理学を筆頭に化学や生物学くらいまでで，それ以外は数学も含めて科学ではないと切り捨てている。主張に賛否はあるものの，何にしても科学を標榜する以上は，対象を広く深く洞察し，それらを体系的に記述・解釈・説明できる理論（モデルや規範）を構築・提供することが求められるといえるであろう。

このように考えると，「デザイン科学」とはきわめて難儀な言葉であることがわかる。

デザインという言葉を名詞として捉えるならば，デザイン科学とは，先人がデザインした数多の人工物の丹念な観察から，その背後に隠された論理を導き出すことと翻訳できる。美しいプロポーションに共通するとされる黄金比への言及などは，その真偽は別として，最も古典的なデザイン科学といえるかもしれない。クリストファー・アレグザンダー（C. Alexander）の「パタン・ランゲージ[4]」も「無名の質」を備えた空間に共通する特質を論理的に分析する中から，パターンを導いている。

一方で，デザインという言葉を動詞として捉えるならば，デザイン科学とは，人間のデザイン行為あるいはデザイン思考そのものの論理の構築と解釈できる。無限の組み合わせから目的に見合うさまざまな可能性を網羅的に検討し，その中から最適な解を導き出すための方法論といえるかもしれない。建築家の菊竹清訓は，自らの建築設計プロセスを深考し，いかに合目的的にデザインを進めるべきかに関する方法論を「か・かた・かたち[5]」として総括した。工学者の吉川弘之は，デザインの可能性と限界を論理的な推論に基づく「一般設計学」として体系化している[6]。

## 1.2 デザインにおける思考とは

では，論理的思考とは，いかなる思考なのだろうか。論理学の世界では，推論には，演繹推論（ディダクション），帰納推論（インダクション），発想推論（アブダクション）という

3つの形式があるとされている。これらは，下記のように定式化できる[7]。

演繹推論：　事例　＋　規則（ルール）→　結果

帰納推論：　事例　＋　結果　→　規則（ルール）

発想推論：　規則（ルール）＋　結果（目標）→　事例

演繹推論とは，前提条件（事例）が与えられたときに，既知の規則（ルール）を適用して，結果を導く推論である。導かれるものごと（演繹推論の場合は結果）の論理的な正しさを保証する唯一の推論形式である。古くは，アリストテレスにより三段論法として定式化されたもので，「ソクラテスは人間である」という事例（小前提）と，「人間は必ず死ぬ」という規則（大前提）から，「ソクラテスは必ず死ぬ」という結果を導く例が示すように，演繹推論は唯一の論理的に正しい結果を導き出す。算数の授業で足し算の方法（ルール）を習った子供が，例えば 26 ＋ 38 ＝ □ のような計算ドリルをしている状況を想像してみよう。計算ドリルの答えは，足し算の方法を正しく用いれば 64 であり，それ以外は不正解である。

帰納推論とは，事例と結果が観察されたときに，事例と結果を結びつける規則（ルール）を導き出す推論である。子供は，事前に厳密な文法（ルール）を習うわけでもなく，周囲の会話を聞き取る中から母国の言葉を習得していく。ニュートンが，リンゴが木から落下するのを見て万有引力を発見したとされる俗説は，誰でも一度は聞いたことがあるであろう。

賢者の帰納推論結果の蓄積こそが科学的知識であり，われわれはその恩恵として演繹推論のための規則（ルール）を労せずして知り，正しい答えを導くことができる。ただし，帰納推論は導かれる規則（ルール）の論理的な正しさを保証する推論形式ではない。導かれる規則（ルール）の正しさは観察されている事例と結果をふまえた蓋然的なものである。新たに観察される事例と結果が既存の規則（ルール）では説明できないとき，規則（ルール）の変換を迫られる。例えば，相対性理論はニュートン力学では説明できない事例と結果を説明すべく考案された。

発想推論とは，望まれる結果（目標）が与えられたときに，既知の規則（ルール）から遡って事例を導き出す思考である。先の算数の授業との対比として，□ ＋ □ ＝ 64 のような計算ドリルに取り組む欧米の授業を紹介したテレビコマーシャルが話題になったことがある。もちろん不正解は多々あるが，発想推論は演繹推論のように正解が1つとは限らない。創造力を伸ばすには，このような解の候補をあげてはその正否を確かめつつ解を見つけるという試行錯誤（トライ・アンド・エラー）の積重ねが大切であるとされ，その過程で負の数の存在に気づくかもしれない。

建築設計競技（コンペ）において，同じ建築設計条件（目的）にもかかわらずさまざまな計画案が出てくるのも，それぞれの建築家が試行錯誤した結果であろう。このように考えると，デザイン思考とは，まさに発想推論（アブダクション）であることがわかる[8]。

**4**　　**1.　デザイン科学とコンピューティング**

　吉阪隆正（U 研究室）は，御茶ノ水の神田川沿いに建設された旧日仏会館が雑誌「近代建築（1960 年 6 月号）」で紹介されるにあたり，「コンビネーションとパーミュテイション」と題する以下のような一文を寄せている[9]。

　　鍵をさずけよう。秘密を解く鍵を。
　　日仏両国の結びつきの妙なることを形にあらわして見たかつた。その鍵を。
　　　〈中略〉
　　このタイルをよく眺めて貰いたい。そこに鍵はかくされているのだ。それは日仏をローマ字でＦとＪとして組合せてある。色がわりはあるにしても　何れも同じＦとＪである。但し　ＦとＪとは必ずしもＦＪとなつていないで　⌐ともᒪ⌐とも　そして又 Ｆ⌐Ｊともなつているのだ。
　　ここで数学の順列組合せを思い出して欲しい。たつた一つのＦＪのタイル。これをいろいろに組合せたら面白い図柄になるだろうと考えたのが出発だつたが　意外にもその組合せの多いのに驚き　到底皆やつて見てその中から選ぶということが不可能なのをさとつたのだつた。
　　　〈中略〉
　　だが考えて見ると建築の設計それ自体が　この順列組合せのように思えてくる。そして建築の設計の場合には　このタイルのように規格ではなくて　一つ一つがそのタイルの中でさえ変化するような　それでいて何かの函数になつているような　そんなものの順列組合せなのだと。それは人生からくらべると全く無限の宝庫だ。別な意味でいうと自由すぎる。私たちはその中で　時間の許す限り　力の許す限りのものを抜き打ちにやつて見て選ぶ外ない。常識は過去に経験ずみの順列組合せを後生大事に抱いて廻わる。それは無数にあるものの中のたつた一つであるのに。そしてもつともつと具合のよい　美しいものもあるのにそれを顧みようとしない心である。
　　だが　他の順列組合せが　全部美しいともいえないし　具合がよいともいえない。大部分は無統一な　乱脈さを露呈する。だから一度見つけた美しい秩序を失いたくないというのはよくわかる。何億とある中の一つなのだから。それを敢えて犯し　新たなるものを発見するには勇気を要する。その勇気を暗示する意味でも　私達はこのＦＪのタイルの鍵を用いたい。それは単に日仏の交流ということに止まらず　もつともつと広い世界を私たちは前途に持つていることを示してくれるからだ。
　　今私達は鍵を教えた。一つ使つて新世界を　未知の世界を発見し　打ちたてて見てはどうでしよう。私たちも大いに協力致しましよう。

　記事に添えられた試行錯誤時のスケッチには，手書きのマス目に手当たり次第のパターンが描かれており，U 研究室の大竹十一がその推敲に数か月を費やしたという苦労の痕跡を伺うことができる（**図 1.1**）。では，鍵を受け渡されたわれわれは，どこまでデザインの可能性を探求し，未知の世界を発見できているだろうか。（詳細は「3.1.3 項　建築デザインへの応用」を参照）。

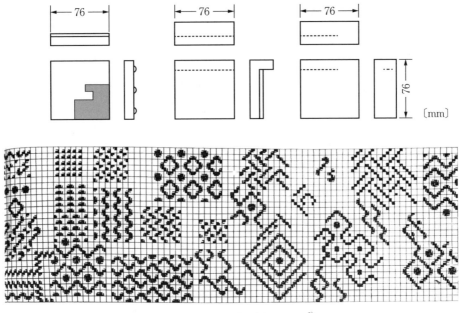

図1.1 FJタイルと配置パターン[9]

## 1.3 プログラミングを学ぶ意味

　かつて大竹十一を悩ませた手作業に代り，いまはコンピュータによる生成がある。デザインに関心のある本書の読者の多くは，物心がついたときにはすでにコンピュータが身の回りにあたりまえのように存在しており，コンピュータを使うこと自体には抵抗のないディジタルネイティブと呼ばれる世代であろう。その意味では，コンピュータの基本的な使い方に戸惑ったりすることはないかもしれない。では，自身の情報リテラシーは，どのレベルだろうか？

　いまや，ワープロや表計算のような一般的なアプリケーションは，中高生でもそれなりに使いこなしている。一方で，専門的なアプリケーションを使うには，単にアプリケーションの使い方だけではなく，その分野の専門知識が求められる。統計ソフトを正しく利用するには統計学の知識が必要になるし，CADを使いこなすには設計製図の知識が必要である。これらの専門知識は，一般に大学などで学ぶことになるだろう。

　しかし，せっかくのコンピュータを使いながら，コピー・アンド・ペーストで適当にすませてはいないだろうか。あるいは，インタラクティブな操作に長けただけで満足してはいないだろうか。確かに，既成のCAD/CGソフトを利用して綺麗な図面やドローイングは簡単に作成できるかもしれない。しかし，それでは手作業の時代と大差はない。いや，これでは無限の宝庫の探求どころか大竹十一の手作業に全く及んでいない。

## 6　　1. デザイン科学とコンピューティング

　大学院生であれば，研究の成果が求められるだろう。研究とは，まがりなりにも学術的に有用な未知の理論（モデル・ルール）を構築することであり，先の論理的な推論でいえば帰納推論にあたる行為である。一方で，数限られた調査・観察・実験結果から帰納的に導かれた規則（ルール）はあくまで仮説であり，多くの事例で同様の結果を導くことが（演繹的に）検証されて，はじめて科学的知識となる。研究分野により，その検証方法はさまざまだが，今日では多くの自然科学・社会科学分野でコンピュータによるシミュレーション（模擬実験）が用いられている。これらのシミュレーションは，既存のアプリケーションで簡便に行えるとは限らず，また，さまざまにパラメータを変更して繰り返し実施しなければならない。

　一連の問題解決や問題発見に新たな地平を与えてくれるのが，プログラミングである。プログラムは厳格な手続きに基づき実行されるもので，同一の入力であれば必ず同じ結果になる。しかも，その速度は人間の手による速さの比ではない。プログラミングにより，1億，1兆，1京の組み合わせすら，検討できるかもしれないのである。

　それどころか，いまやプログラミング能力は，理工系の相応の分野の人にのみ求められる特別な技能ではなくなりつつある。すでに，文部科学省は小学校の教育カリキュラムにプログラミングを加えようとしているし，米国のGE（ゼネラルエレクトリック）社は，職種にかかわらず世界中すべての新規採用社員にプログラミング能力を課すことを決めている。これからの社会人・国際人としての意思決定能力に求められる論理的思考とプログラミングが，表裏一体の関係にあるからである。そして，先に確認したようにデザインも合目的的な論理的思考そのものなのである。

　では，プログラミング能力を養うには，どのような方法があるだろうか。最も効率的な方法は，良く書かれたプログラム・コードを自身で読み解き，それを実際に実行してみることである。人によっては，すでにGrasshopperのようなマウスで簡単に操作できるビジュアル・プログラミング言語を利用しており，それで十分と考えているかもしれない。確かに，ビジュアル・プログラミング言語は視覚的に簡便に操作できるという利点があるが，単独で実行できる機能には限りがある。より高度な処理を行わせるためには，やはり汎用に使えるプログラミング言語を学ぶことを通じて，複雑な論理思考を身につける必要があると言わざるをえない。

　以下の章では，Pythonというプログラミング言語により，さまざまなデザイン科学の問題を取り扱っている。Pythonは他のプログラミング言語と比較してコードが読みやすいと言われ，初心者から上級者まで広く利用している。インタプリタ型のために実行速度は遅いと言われているが，さまざまな拡張ライブラリも充実しており，これらを使うことで速度の問題も克服できる。取り上げている事例では完全なコードを示してあるので，さまざまに応用することも可能であろう。

Python を全く知らない人は，まず 2 章の内容を試すことから入るのがよい。3 章は，アルゴリズムにより形態を操作・生成する方法を紹介しているので，デザインに関心がある読者には，とりあえず取っ付きやすい内容であろう。一方，デザインを分析するための手法として，さまざまなモデルを用いた基本的なプログラムを 4 章で紹介している。

5 章では，さらに議論を進めて，数理最適化の手法によるデザイン評価の問題を扱っている。6 章では，より抽象的なレベルでデザインの知識を表現するための基本的な方法論を解説しており，改めて注目が集まっている人工知能とも深く関係する内容である。

7 章では，本書で紹介した理論や手法による建築デザインでの応用事例を紹介している。それでもプログラム・コードを難解に感じる場合には，最後に紹介するきわめて有名な都市デザインの事例を Grasshopper で試すところからはじめてみるのもよいであろう。

プログラミングを習得し，未知の世界の発見に漕ぎ出してみてはいかがだろうか。

---

| プログラムのダウンロードについて |

本書に登場するプログラムは，コロナ社ホームページの本書紹介ページ URL http://www.coronasha.co.jp/np/isbn/9784339052541/（コロナ社の top ページから書名検索でもアクセスできる）の（GitHub）からダウンロードすることができます。詳しくは GitHub リポジトリ内にある README.md をお読みください。

# Python 入門

本章では，デザイン科学に関わるさまざまな問題を，フリーかつオープンソースのプログラミング言語である Python を用いて取り扱う。ここでは，Python のインストール方法とプログラミングの基本について概説する。

## 2.1 Python の概要と基本操作

### 2.1.1 Python の概要

Python はスクリプト言語に分類され，プログラムを機械語に変換するコンパイル操作なしに手軽に実行できる。また，ライセンスフリーであり，さまざまなライブラリが提供されている。このような理由から，本書では Python を使用して，デザイン科学で必要とされるさまざまなプログラミング技術を学ぶ。

Python には Python 2 の系列と Python 3 の系列があり，後者が前者の上位互換というわけではない。Python 2 の方が動作の安定したツールが多く，2017 年 6 月現在においても多くのユーザーが存在するが，Python 2 の開発はすでに終了しており，言語や標準ライブラリの新しい完全な機能のリリースは行われないこととなっている。将来的には Python 3 に移行する予定であるので，本書では Python 3 を用いることとする。

### 2.1.2 Python 本体と各種ライブラリのインストール

関数として利用する部品をモジュール，モジュールを複数集めてまとめたものをパッケージと呼ぶ。また，モジュールやパッケージは総称してライブラリと呼ばれる。ライブラリには，あらかじめ Python に組み込まれている標準ライブラリと，別途インストールが必要なライブラリ（サードパーティライブラリ）がある。本書では，NumPy，SciPy などのサードパーティライブラリを用いる。それらを個別にインストールするのは面倒なので，科学技術計算に必要な多くの Python モジュールを含んだ **Anaconda** を利用することを推奨する。

Anaconda とは，Python 本体に加え，科学技術，数学，エンジニアリング，データ分析など，よく利用される Python モジュール（2017 年 6 月時点で 800 以上）を一括でインストール可能にした総合パッケージであり，つぎのサイトからダウンロードできる。

https://www.continuum.io/downloads

ページの中ほどに，それぞれのOSに対応したインストーラーが用意されているので，Python 3.X（2017年6月現在では3.6）と書いてあるインストーラーをダウンロードする。ダウンロードが終了したら，ダブルクリックでインストールする。インストール場所を特に指定する必要がなければ，画面の案内に従ってつぎに進めばよい。

本書で利用するサードパーティライブラリの一覧を**表2.1**に示す。

表2.1 本書で利用するサードパーティライブラリの一覧

| ライブラリ名 | インストール方法 | | |
|---|---|---|---|
| | Anaconda | pip | その他 |
| NumPy | ○ | | |
| SciPy | ○ | | |
| NetworkX | ○ | | |
| matplotlib | ○ | | |
| Numba | ○ | | |
| SimPy | | ○ | |
| Graphillion | | ○ | |
| aima-python | | | ○ |

Anacondaに組み込まれていないライブラリの多くは，**pip**を用いてインストールすることができる。pipとは，Pythonのパッケージ管理システムであり，すでにAnacondaに組み込まれている。pipを利用することで，インターネット上からさまざまなライブラリを追加でインストールしたり，すでにインストール済みのライブラリをバージョンアップすることができる。

Windowsの場合は，pipはコマンドプロンプト上で利用する。コマンドプロンプトは，「スタートメニュー＞すべてのプログラム＞アクセサリ＞コマンドプロンプト」と進んで起動する。

　　pip install ライブラリ名

のように打ち込んでEnterキーを押せば，ライブラリのインストールが完了する。例えば，SimPyをインストールする場合はつぎのようにする。

コマンドプロンプトを立ち上げて

　　pip install simpy

と入力する。

インターネットに接続した状態で，Enter を押す。つぎのように表示されれば，インストールは完了である。

Mac の場合は，ターミナル上で利用する。ターミナルは，「アプリケーション＞ユーティリティ＞ターミナル」に格納されている。Windows の場合と同様に

　　pip install ライブラリ名

のように打ち込んで Enter を押せば，ライブラリのインストールが完了する。SimPy をインストールする場合はつぎのようになる。

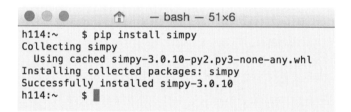

なお，Windows の場合，Graphillion を pip を用いてインストールするためには環境変数の設定が必要となる。また，aima-python についてはインターネットから直接ライブラリをダウンロードする必要がある。詳細は，それぞれ 4.2.3 項と 6.2.7 項で説明する。

### 2.1.3　基本的な操作と演算

本項での基本的な作業は，以下のいずれかの方法で実行できる。

**対話モードを用いた方法**　　Python 3.6 の Python（command line）を実行すると，対話モードが起動する。対話モードとは，対話をしながら Python を操作できる機能のことであり，タイピングをして命令の結果を即時確認しながらプログラミングができる。

**\*.py ファイルを用いた方法**　　対話モードを用いた場合は，通常の操作では入力したコードを保存することができない。入力履歴を保存できるモジュールは存在するが，タイピングミスも含めて保存されてしまうため，繰り返し利用するコードや長いコードは，テキストエディタでファイルに記述して保存するのがよい。ファイルの拡張

子を「.py」とすると，Python のスクリプトファイルとして保存できる。Anaconda をインストールした初期の環境では，「.py」の拡張子が Python の実行ファイルに関連付けられているので，このスクリプトファイルをダブルクリックすることで実行できる。このほかにも，Windows 付属のコマンドプロンプトから実行する方法や，Spider, IDLE, SciTE といったエディタ上で実行するという方法もある（*.py の*は任意の文字列の代わりという意味）。

まず，対話モードを用いて，基本的な操作と演算を概説する。対話モードを起動するには，インストールした Anaconda3 フォルダ以下にある python.exe をダブルクリックするか，Windows の場合はコマンドプロンプト（Mac の場合はターミナル）から python と打ち込んで Enter を押せばよい。対話モードが起動されると，つぎのようにプロンプト「>>>」が表示され，入力待ち状態になる。

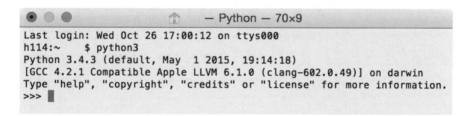

あるいは，付属のエディタである IDLE を用いれば，より効率的なスクリプティングが可能である。IDLE を用いた対話モードの起動は，インストールした Anaconda3 フォルダの Scripts の中にある idle.exe をダブルクリックするか，Window の場合はコマンドプロンプトから idle と打ち込んで Enter を押せばよい（Mac は環境によってはデフォルトで入っている idle が起動することもあることに注意）。

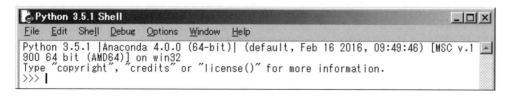

以下のように，「10+2*5」と入力して Enter キーを押すと計算結果を返す。

```
>>> 10 + 2 * 5
20
```

算術演算子は以下のとおりである．べき乗は「^」ではないことに注意する．

| 加算 | 減算 | 除算 | 乗算 | べき乗 | 整数の剰余 | 整数の切り捨て除算 |
|------|------|------|------|--------|------------|--------------------|
| +    | −    | /    | *    | **     | %          | //                 |

つぎのように，変数を用いて計算し，print 文で変数の値を表示できる．

```
>>> a = 100
>>> b = 250
>>> a + b
350
>>> c = b - a
>>> print(a, b, c)
100 250 150
```

変数名には，アルファベット，数字とアンダースコア「_」を使うことができるが，数字で始めることはできない．

インデックスで要素を指定できる変数を，シーケンス型の変数といい，**リスト**や**タプル**などがある．リストは [ ] で定義する．また，リストのインデックス（要素の番号）は 0 から始まることに注意する．要素の範囲は [n:m] のようにコロンで指定する．このような操作をスライスという．ただし，範囲を n から m と指定すると，n+1 番目の要素から m 番目の要素を指定したことになる．n, m を省略した場合，それぞれ最初あるいは最後のインデックスを指定したことになる．[10, 20, 30, 40] に対してのリスト操作の例を以下に示す．

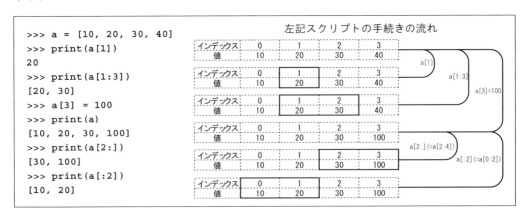

リストの操作のために，つぎのようなさまざまな関数が定義されている．

```
>>> a = [100, 10, 50, 60, 40]
>>> a.append(20)
>>> a
[100, 10, 50, 60, 40, 20]
>>> del(a[1])
>>> a
[100, 50, 60, 40, 20]
>>> max(a)
100
>>> a.sort()
>>> a
[20, 40, 50, 60, 100]
```

a.append(20) のように，リストの class（クラス）（2.4 節参照）に定義されてる関数と，del(a[1]) のように，リストを引数とする関数の 2 種類あることに注意する。また，リスト a を b にコピーする際には，b=a[:] とする必要がある。単に b=a とすると，コンピュータの記憶領域内での a の位置と b の位置を同一にしたことになり，いずれかの要素の値を変更すると，他方の要素の値も変更されてしまうためである。

　一方，タプルは（　）で定義する。基本的にはリストと同じであるが，リストのように要素の値を上書き変更することができず，append や sort などの配列操作も行えないため，変更を望まない配列に対して用いられる。

　Python の便利な特徴の 1 つとして，文字列を数値と同じように使用できることがあげられる。文字列はシングルクオーテーション「'」もしくはダブルクオーテーション「"」で定義する。以降本書では，文字列の記述はシングルクオーテーションで統一する。

```
>>> s1, s2 ='Design1', 'Design2'
>>> print(s1, s2)
Design1 Design2
```

文字列の足し算や掛け算も可能である。

```
>>> s1, s2 = 'Design1', 'Design2'
>>> s1 + s2
'Design1Design2'
>>> s1 * 3
'Design1Design1Design1'
```

### 2.1.4　条件分岐と繰り返し処理

　条件によって処理を変更したいときには **if** 文を用いる。if 文はコロン「:」で区切り，改行の後にインデントを用いて if ブロックをまとめる。インデントにはタブやスペースを用いる。ブロックの文を記述した後，何も入力しないで改行すると，それまでの処理が実行

*14*　　2. Python 入　　　門

される。

```
>>> a = 1000
>>> if a > 100:
...     print('Big number')
... else:
...     print('Small number')
...
Big number
```

比較演算子は，**表2.2**のように定義されている。

**表2.2** 比 較 演 算 子

| 比較演算子 | 説　明 |
|---|---|
| X==Y | X と Y が等しい場合に True |
| X!=Y, X<>Y | X と Y が等しくない場合に True |
| X>Y, X<Y | X と Y の大きさを比較 |
| X>=Y, X<=Y | X と Y が等しい場合を含み X と Y の大きさを比較 |

また，同じ処理を決められた回数実行するループを組みたいときは，**for** 文を用いる。if 文と同様に，繰り返し実行したい行をインデントして，ブロックとして記述する。例えば，数字10，20，30を表示したい場合はつぎのようになる。

```
>>> for i in range(3):
...     print((i + 1) * 10)
...
10
20
30
```

ここで，i は繰り返しを制御する変数であり，range(n) は 0 から n−1 までの整数のシーケンスを返す関数である。range(a,n,b) とすることで，a から n−b までの整数のシーケンスを b の刻みで返すこともできる。例えば，数字30，20，10を表示したい場合は以下のようになる。

```
>>> for i in range(30, 0, -10):
...     print(i)
...
30
20
10
```

同様の操作は，**while** 文を用いても可能である。

```
>>> i = 30
>>> while i > 0:
...      print(i)
...      i = i - 10
30
20
10
```

while 文では，while 以下の条件を満たしている間だけ，インデントされた部分が繰り返し実行される。

なお，IDLE を用いた場合は，if，for 文以下は自動でインデントされるが，Windows のコマンドプロンプト上で直接 Python を実行している場合には，手動でインデントする必要があるので注意する。

### 2.1.5 関 数 の 定 義

自分で関数を定義したい場合には，**def** 文を用いる。if 文と同様に，関数として定義したい行をインデントして，ブロックとして記述する。前述の for 文を func1 という名前の関数として定義するとつぎのようになる。

```
>>> def func1():
...      for i in range(30, 0, -10):
...          print(i)
...
>>> func1()
30
20
10
```

上記の例では，引数と戻り値をいずれも指定していないが，一般的には，

    def 関数名 (引数)

の形で記述し，戻り値を返す場合は，**return** 文で終える。例えば，a,b,c を引数に取り，それぞれの値をリストとして返す関数は，つぎのように記述できる。

```
>>> def func2(a, b, c):
...      answer = []
...      for i in range(a, b, c):
...          answer.append(i)
...      return answer
...
>>> a = func2(30, 0, -10)
>>> print(a)
[30, 20, 10]
```

**16**    2. Python 入　　門

### 2.1.6　スクリプトファイルの作成とファイルの入出力

　これまでは，コマンドプロンプトに直接命令を入力することによって，プログラムを実行
した。しかし，プログラムが長くなると，コマンドとして入力するのは不便である。また，
何度も使用するプログラムや関数は，保存できるのが望ましい。

　このような目的のために，プログラムをテキストファイルとして保存したスクリプトファ
イルを用いることができる。頻繁に実行するプログラムを関数として記述したスクリプト
を，Python ではモジュールといい，拡張子「.py」をもつスクリプトファイルとして保存す
る。

　また，2.2 節で紹介するようなさまざまな関数を用いて処理を行うとき，データをファイル
に保存できれば便利である。

　つぎのようなデータ data1.dat を変換するプログラムを作成してみる。

**data1.dat**

```
first,1,10.00
square,2,3.162
cube,3,2.154
```

　**open** 文と **for** 文を用いて data1.dat の各値を読み込み，その 2 乗を計算し，data2.
dat に値を書き込むプログラム 2.1 を，テキストファイルとして作成し，convert.py と
いう名前で保存する。open 文は，

　　　　open('ファイル名','入出力モード')

の順で記述する。

　入出力モードは，ファイルを読み込む場合は 'r'，書き込む場合は 'w' とする。r は
read，w は write を意味する。また，# は説明のためのコメントであり，プログラムとは無
関係である。日本語のコメントを含むプログラムを実行する場合，エディタによっては
Python 側で文字コードが認識できずにエラーを生じる場合がある。そのため，1 行目に

　　　　# -*- coding: utf-8 -*-

を追加してプログラムの文字コードを明示している。後の例では，簡略化のためこの行は省
略する。

─────── プログラム 2.1 convert.py ───────
```python
f1 = open('data1.dat', 'r')      # data1.dat を読込みモードで開く
f1_lines = f1.readlines()        # ファイルを1行ずつ全てを str タイプで読み込み
f1.close()  # data1.dat を閉じる
print('f1:', f1_lines)
f2_lines = []                    # データを格納するリスト
for f1_line in f1_lines:
    x1, y1, z1 = f1_line.split(',')    # カンマを区切りとしてリストに分割
    x2 = x1 + ' root'    # x1 に文字列を追加
    y2 = '%s^%s' % (float(z1), int(y1))  # 文字列の置換
```

```
    z2 = str(float(z1) ** int(y1))      # z1 を浮動点少数にして y1 乗
    f2_line = ';'.join([x2, y2, z2]) + '\n'  # リストをセミコロン区切り結合して改
行文字を足す
    f2_lines.append(f2_line)
print('f2:', f2_lines)
f2 = open('data2.dat', 'w')     # data2.dat を書込みモードで開く
f2.writelines(f2_lines)         # 2 乗値と空白，改行コードを書き込み
f2.close()                      # data2.dat を閉じる
```

convert.py を実行すると，data1.dat の内容が実数に変換され，以下のような data2.dat が作成される。

**data2.dat**

```
1 10000.0
2 40000.0
3 160000.0
```

## 2.2 ライブラリの利用

### 2.2.1 標準ライブラリの利用

Python に組み込まれている標準ライブラリを利用することで，数値計算やデータ変換，ファイル操作などを効率よく行うことができる。例えば，三角関数や対数のような数学演算を行うための関数は，**math** という名前の標準ライブラリに定義されている。ライブラリは，**import** 文の後にライブラリの名前を記述して利用する。math ライブラリを用いた計算の例をつぎに示す。

```
>>> import math
>>> p = math.pi
>>> print(p)
3.141592653589793
>>> math.cos(p/4.0)
0.7071067811865476
```

math.pi は，math に定義されている定数であり，math.cos() は余弦関数である。このように，「ライブラリ名.関数名」の形で関数を使用できる。ライブラリの名前が長いときには，つぎのように短縮名を用いることもできる。

```
>>> import math as m
>>> m.cos(0)
1.0
```

*18*    2. Python 入  門

さらに，from 文を使ってライブラリを読み込み，ライブラリ名を省略して関数を呼び出すことができる。ライブラリに定義されているすべての関数や定数といったオブジェクトをインポートする場合は，つぎのように「*」を用いる。

```
>>> from math import *
>>> cos(0)
1.0
```

しかし，「*」を用いている場合は，他にインポートしているライブラリとの関数名の競合について，注意する必要がある。math ライブラリで利用可能な関数とオブジェクトの例を表 2.3 に示す。

**表 2.3** math ライブラリの関数とオブジェクトの例

| 関  数 | 説  明 |
|---|---|
| sin(x), cos(x), tan(x) | 三角関数 |
| log(x [,y]) | 自然対数（y を指定すると，y を底とした対数） |
| degrees(x) | ラジアンから度数に変換 |
| radians(x) | 度数からラジアンに変換 |
| pi | 数学定数 $\pi$ |
| e | 自然対数の底 e |

また，本書で示す応用例では，乱数や確率変数を使用することがある。その際には，**random** ライブラリを用いる。例えば，$0 \sim 1$ の一様乱数は，つぎのように生成できる。

```
>>> import random
>>> random.random()
0.3368945444551623
>>> random.random()
0.2918789131039383
```

同じ乱数列を再現できるようにしたい場合は，random.seed(i) で乱数発生のための初期パラメータを設定する。一様分布以外にもさまざまな分布を生成可能であり，例えば平均 x，分散 y の正規分布は，random.normalvariate(x,y) で得られる。

また，ファイルの入出力を簡便に行うライブラリに csv がある。一般に，数値データはエクセルなどの表計算ソフトで管理されることが多い。csv ファイル（カンマ区切りのファイル）は，エクセルで入出力や編集が可能なファイル形式の 1 つである。data1.dat と同じデータを有する csv ファイル

**data1.csv**

```
1,100
2,200
```

```
3,400
```

に対して，プログラム2.1と同様の操作を行うプログラムは，ライブラリ **csv** を用いてつ
ぎのように簡潔に書ける。なお，csvの仕様上，2.1.6項と同様の方法では出力の際に空行
が挿入されてしまう。それを防ぐためには，open文に newline='' の追記が必要となる
ことに注意する。

─────────── プログラム 2.2 csvtest.py ───────────
```
import csv  # csv ファイルのインポート。このファイル自体を csv.py にすると競合するので注
意。
f1 = open('data1.csv', 'r')  # data1.csv を入力のために open
f2 = open('data2.csv', 'w', newline='')  # data2.csv を出力のために open
reader = csv.reader(f1)  # data1.csv を csv 形式で認識
writer = csv.writer(f2)  # data2.csv を csv 形式で認識
for row in reader:  # csv ファイルの内容を 1 行ずつリストとして読み込む
    data1, data2 = float(row[0])**2, float(row[1])**2  # 実数に変換し 2 乗する
    writer.writerow([data1, data2])  # 1 行ずつ書き込む
```

csvライブラリを使うことで，プログラム2.1のように数値を文字列に変換しなくても
値をファイルに書き込むことができる。csvtest.pyを実行すると，つぎのcsvファイル
が作成される。

**data2.csv**

```
1.0,10000.0
4.0,40000.0
9.0,160000.0
```

また，単純な平面図形であれば，標準ライブラリである **turtle** ライブラリを利用する
ことで，描画することができる。まず，turtleライブラリをインポートし，線分を引いて
みる。つぎのコマンドを実行すると，ウインドウが現れ，5の線幅，青色で**図2.1**のように
右向きに矢印の付いた線が引かれる。

```
>>> from turtle import *
>>> pensize(5)
>>> pencolor('blue')
>>> forward(400)
```

forward(x) は，x の距離だけ前進するという関数である。pensize, pencolor は線
幅，線色の指定であり，省略すると，線幅1の黒色となる。三角形はつぎのコマンドによっ
て**図2.2**のように描画できる。

```
>>> from turtle import *
>>> penup()
>>> setpos(-200, -100)
```

```
>>> pendown()
>>> for i in range(3):
...     forward(400)
...     left(120)
...
```

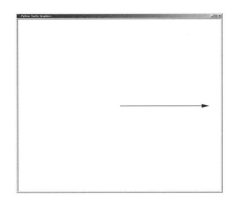
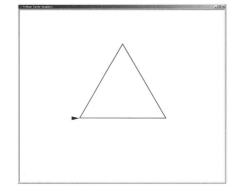

図 2.1　turtle による矢印の描画　　　　図 2.2　turtle による三角形の描画

単純に三角形を描くだけであれば，penup( )〜pendown( ) は不要である。ここでは，画面の中ほどに三角形を描画するために，描画のスタート地点を (−200, −100) の位置に調整している。left(x) 関数は，進む方向を引数の角度（単位は度〔°〕）だけ反時計回りに回転する関数である。turtle は，いわゆる turtle graphics を実現するためのライブラリであり，矢印の位置に，矢印の方向を向いた亀がいて，それが動いた軌跡として線が引かれると考えればよい。left(x) は，亀の向きを変える関数である。turtle ライブラリの関数やオブジェクトの例を**表 2.4** に示す。

表 2.4　turtle ライブラリの関数とオブジェクトの例

| 関　　数 | 説　　明 |
| --- | --- |
| right(x) | x〔°〕時計回りに回転する |
| setpos(x, y) | 座標 (x, y) まで移動する |
| reset() | キャンバスをリセットし，初期状態に戻す。 |
| penup() | ペン先をキャンバスから離す |
| pendown() | ペン先をキャンバスに置く |
| pencolor('blue') | 線の色を変更する |
| pensize(3) | 線の太さを変更する |
| circle(x [,y]) | 半径 x で円を描く。x の値が正のときは反時計回り，負のときは時計回り。y を指定したときは，y〔°〕度まで円弧を描く。 |

つぎのコマンドを実行すると，**図 2.3** のように星が描画される。

```
>>> from turtle import *
>>> penup()
>>> setpos(-300, -100)
```

```
>>> pendown()
>>> for i in range(5):
...     forward(600)
...     left(144)
...
```

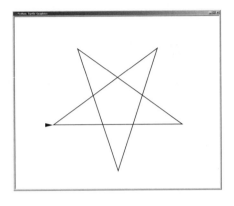

図 2.3 turtle による星の描画

### 2.2.2 matplotlib を用いたグラフの作成

matplotlib というライブラリを用いることで，簡単にさまざまなグラフを作成することができる．つぎのように散布図を描いてみる．

```
>>> import matplotlib.pyplot as plt
>>> plt.plot(0.3, 5.01, color='blue', marker='o')
>>> plt.plot(1.02, 6.35, color='red', marker='D')
>>> plt.plot(2.5, 7.4, color='yellow', marker='v')
>>> plt.plot(3.2, 8.3, color='gray', marker='h')
>>> plt.plot(3.97, 8.66, color='black', marker='1')
>>> plt.plot(5.4, 10.2, color='crimson', marker='o', markersize=20)
>>> plt.show()
```

1行目の import 文によって，matplotlib の pyplot ライブラリを plt という名前でインポートする．2行目から7行目では散布図のデータをメモリの中に作成する．最後に plt.show( ) で蓄積されたデータを図 2.4 に描画する．

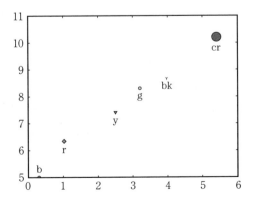

図 2.4 matplotlib を用いた散布図の描画

plot(x,y,color='c',marker='m',markersize='s') の x, y は座標である。colorは色の指定であり，**図 2.5** に示す色が指定できる。また，color='#eeefff' などのように，色コードで指定してもよい。

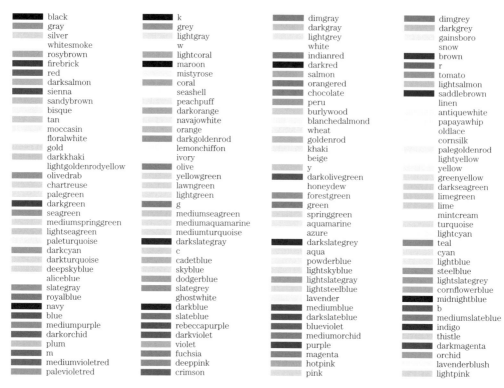

**図 2.5** matplotlib の color の一覧

なお，よく使われる 'blue', 'green', 'red', 'cyan', 'magenta', 'yellow', 'black', 'white' の 8 つの色については，それぞれ 'b', 'g', 'r', 'c', 'm', 'y', 'k', 'w' の略記を用いることができる。

marker はマーカーの指定であり，**表 2.5** に示すマーカーが指定できる。

なお，略記を用いることのできる 8 つの色を用いる場合については，plot(x,y,'bo') のように簡潔な形で色とマーカーを指定することもできる。これは，plot(x,y,color='b',marker='o') あるいは plot(x,y,color='blue',marker='o') と同じである。オプションで，markersize='s' の形でマーカーの大きさを数値で指定することもできる。そのほかにも，matplotlib にはグラフの体裁を整える豊富なオプションが用意されているので，詳細は公式 HP（http://matplotlib.org/examples/color/named_colors.html（2017））を参照されたい。

**表2.5** matplotlib の marker の一覧

| marker の表記 | marker の表示 | marker の表記 | marker の表示 |
|---|---|---|---|
| '.' | point | 's' | square |
| ',' | pixel | 'p' | pentagon |
| 'o' | circle | '*' | star |
| 'v' | triangle_down | 'h' | hexagon1 |
| '^' | triangle_up | 'H' | hexagon2 |
| '<' | triangle_left | '+' | plus |
| '>' | triangle_right | 'x' | x |
| '1' | tri_down | 'D' | diamond |
| '2' | tri_up | 'd' | thin_diamond |
| '3' | tri_left | '−' | vline |
| '4' | tri_right | '_' | hline |
| '8' | octagon | ' ' | nothing |

### 2.2.3 NumPy / SciPy を用いた数値解析

NumPy は数値解析の基本的なパッケージであり，行列演算，線形代数などの基本的なライブラリを提供している。例えば，2元の線形連立1次方程式

$$\begin{pmatrix} 1 & 2 \\ 3 & 4 \end{pmatrix} \begin{pmatrix} x_1 \\ x_2 \end{pmatrix} = \begin{pmatrix} 5 \\ 11 \end{pmatrix} \tag{2.1}$$

を解くプログラムはつぎのとおりである。

─── プログラム 2.3 solve.py ───
```
import numpy as np
a = np.array([[1, 2], [3, 4]])  # 行列の定義
b = np.array([5, 11])  # ベクトルの定義
x = np.linalg.solve(a, b)  # 連立1次方程式の解
print(x)
```

実行結果は

```
[1. 2.]
```

となる。

np.array は，NumPy で定義された配列であり，行列は2次元配列で定義される。linalg は線形代数のライブラリであり，solve は，連立1次方程式を解く関数である。逆行列はつぎのように計算できる。

─── プログラム 2.4 inverse.py ───
```
import numpy as np
a = np.array([[1, 2], [3, 4]])  # 行列の定義
c = np.linalg.inv(a)  # 逆行列の計算
print(c)
```

*24*　　2. Python 入　　　門

実行結果はつぎのとおりである。

```
[[ 2. 1. ]
 [ 1.5 0.5]]
```

　より高度な科学技術計算を行いたい場合には NumPy では不十分であり，**SciPy** を用いるのが効果的である。SciPy は，応用数学，科学，工学のための高水準の科学技術計算パッケージである。

　例えば，次式の積分計算により円周率を求める場合を考える。

$$\pi = \int_0^1 \frac{4}{1+x^2} \, dx \tag{2.2}$$

SciPy によるプログラムはつぎのようになる。

──── プログラム 2.5 pifunc.py ────

```
import numpy as np
from scipy import integrate as itgr   # scipy 内の integrate 関数をインポート


def pi(x):   # 被積分関数の定義
    return 4.0 / (1.0 + x**2)
answer = itgr.quad(pi, 0, 1)   # ( 被積分関数，積分区間下，積分区間上 )
print(answer)
```

　実行すると，（解，想定される数値計算上の誤差）がタプルの形でつぎのように得られる。

```
(3.1415926535897936, 3.4878684980086326e-14)
```

　ここで，e-14 は $10^{-14}$ を意味する。解だけを取り出したい場合は，answer[0] とすればよい。なお，関数が複雑でない場合，上記のプログラムは，被積分関数の引数を

　　　　**lambda** 変数:関数

の形で記述することで，つぎの pilambda.py のように関数定義を直接組み入れることもできる。

──── プログラム 2.6 pilambda.py ────

```
import numpy as np
from scipy import integrate as itgr


pi = lambda x: 4.0 / (1.0 + x**2)
answer = itgr.quad(pi, 0, 1)
print(answer)
```

　SciPy には，上記の関数以外にも，微分，固有値解析，疎行列の高速演算，非線形方程式の求解，最適化などさまざまな数値計算ライブラリがある。

## 2.2.4　ユーザーライブラリの作成

　ライブラリは自分で作成することもできる。例として，csv ファイルからデータを読み込んで出力する関数と，与えられたデータを散布図にプロットする関数をそれぞれ作成し，ライブラリ module1.py として保存してみる。

──────────── プログラム 2.7 module1.py ────────────

```python
def read_data(file_name):
    import csv
    reader = csv.reader(open(file_name, 'r'))
    X, Y = [], []
    for row in reader:
        X.append(row[0]), Y.append(row[1])
    return X, Y  # データを返す


def draw_graph(X, Y, xmin, xmax, ymin, ymax, Lc, Ls, Lw, title, xlabel, ylabel):
    import matplotlib.pyplot as plt
    plt.xlim(xmin, xmax)  # X の範囲の指定
    plt.ylim(ymin, ymax)  # Y の範囲の指定
    plt.title(title)  # グラフタイトル
    plt.xlabel(xlabel)  # X 軸タイトル
    plt.ylabel(ylabel)  # Y 軸タイトル
    plt.plot(X, Y, color=Lc, linestyle=Ls, linewidth=Lw)  # グラフをメモリ上に
作成
    plt.show()  # グラフの描画
```

　read_data はファイル名を受け取って読み込んだデータを返す関数，draw_graph は X，Y 座標のリストと描画範囲，線の色，スタイル，幅，グラフのタイトル，X，Y 軸のラベル名を受け取って線グラフを描く関数である。module1.py と同じフォルダ内に以下のような data3.csv というファイルを作成して保存する。

**data3.csv**

```
0.3,5.01
1.02,6.35
2.5,7.4
3.2,7.3
3.97,7.66
5.4,4.2
6.7,2.1
7.1,1.2
8.4,9.2
9.6,5.4
```

　このデータを，つぎのプログラム plot.py を実行して描画する。

──────────── プログラム 2.8 plot.py ────────────

```python
import module1  # 作成したモジュール module1.py の読み込み

file_name = 'data3.csv'  # ファイル名
```

```
x, y = module1.read_data(file_name)     # module1 内の関数 read_data によりデータを
取得
xmin, xmax, ymin, ymax = 0, 10, 0, 10  # 描画範囲
lc, ls, lw = 'black', '-', 2.0  # 描画オプション
title, xl, yl = 'LineGraph', 'X-Axis', 'Y-Axis'  # タイトル，ラベル
module1.draw_graph(x, y, xmin, xmax, ymin, ymax, lc,
                   ls, lw, title, xl, yl)  # module1 内の
# 関数 draw_graph によりグラフ描画
```

実行すると図2.6のようなグラフが描画される。

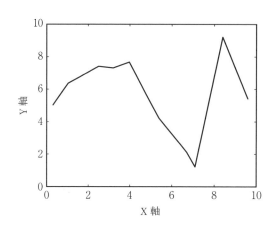

図2.6 plot.py の実行結果

## 2.3 再帰プログラミング

ある関数から自分自身を呼び出すことを，**再帰呼出し**という。また，再帰呼出しを用いたプログラムを作成することを，**再帰プログラミング**という。再帰呼出しを用いると，複雑な操作を簡略なプログラムで実行できる場合がある。

文字列を再帰的に書き換えて成長させるプログラム grow.py を以下に示す。

―――――――――― プログラム 2.9 grow.py ――――――――――
```
def grow(s, r):  # 文字列 s と繰り返し回数 r を入力
    n = len(s)  # 入力した文字列の長さ
    ss = ' '  # 出力する文字列を初期化
    for i in range(n):
        if s[i] == 'f':  # 'f' を 'fg' に書き換え
            ss = ss + 'fg'
        else:
            if s[i] == 'g':  # 'g' を 'gh' に書き換え
                ss = ss + 'gh'
            else:
                ss = ss + 'h'  # その他の文字（h）のときそのまま
    print(ss)
    r -= 1  # 残りの繰り返し回数を 1 減らす
    if r > 0:  # 繰り返し回数が 0 でないとき，自分自身を呼び出す
        grow(ss, r)
```

```
        return ss

grow('fgh', 2)   # grow を 2 回実行
```

このプログラムの出力結果は fgghghhh である。

つぎに，単純なルールを再帰的に適用することによって図形を描いてみる。プログラムファイル rose.py 内に，四角形が入れ子になった図形が描く関数 rose_window_recursion を記述し，保存する。

───────────── プログラム2.10 rose.py ─────────────

```
# -*- coding: utf-8 -*-
from turtle import *   # 描画環境 turtle をインポート


# rose_window_recursion ( 四角形の 4 頂点, 内分比, 繰り返し回数 )
def rose_window_recursion(points, ratio, depth):
    rectangle(points)
    new_points = deviding_points(points, ratio)
    if depth == 0:
        up()
        setpos(-200, -200)
    else:
        rose_window_recursion(new_points, ratio, depth - 1)


def deviding(p0, p1, r):
    return p0 * (1 - r) + p1 * r


#--------------- 以下は補助的な関数 ------------------------------------
# rectangle ( 四角形の 4 頂点 )
def rectangle(points):
    [[x0, y0], [x1, y1], [x2, y2], [x3, y3]] = points
    up()
    setpos(x0, y0)
    down()
    setpos(x1, y1)
    setpos(x2, y2)
    setpos(x3, y3)
    setpos(x0, y0)


# 2 点の内分点を求める.
# deviding_point ( 点 A, 点 B, 内分比 )
def deviding_point(p0, p1, ratio):
    [x0, y0] = p0
    [x1, y1] = p1
xr = deviding(x0, x1, ratio)
    yr = deviding(y0, y1, ratio)
    return [xr, yr]
```

```
# 四角形の各辺の内分点を求める．
# deviding_points(四角形の4頂点，内分比)
def deviding_points(points, ratio):
    [p0, p1, p2, p3] = points
    pr0 = deviding_point(p0, p1, ratio)
    pr1 = deviding_point(p1, p2, ratio)
    pr2 = deviding_point(p2, p3, ratio)
    pr3 = deviding_point(p3, p0, ratio)
    return [pr0, pr1, pr2, pr3]
```

rose.py をライブラリとして呼び出すつぎのファイル plotrose_1.py を実行することで，図 2.7 のような図形が描画できる．

―――――― プログラム 2.11 plotrose_1.py ――――――
```
from turtle import *  # 描画環境 turtle をインポート
from rose import *    # plot1.py と同一フォルダにある rose.py をインポート
hideturtle()
rose_window_recursion(
    [[-100, -100], [100, -100], [100, 100], [-100, 100]], 0.1, 40)
done()  # turtle の終了処理
```

関数のパラメータ（四角形の各頂点，内部の四角形の頂点位置を指定する変数，再帰回数）をつぎの plotrose_2.py のように変更することで，plotrose_1.py とは異なった図 2.8 が描画できる．

―――――― プログラム 2.12 plotrose_2.py ――――――
```
from turtle import *  # 描画環境 turtle をインポート
from rose import *    # plot1.py と同一フォルダにある rose.py をインポート
hideturtle()
rose_window_recursion(
    [[-100, -100], [100, -100], [100, 100], [-100, 100]], 0.25, 10)
done()  # turtle の終了処理
```

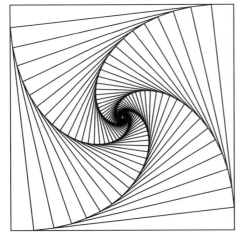 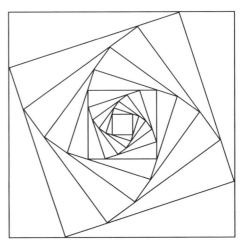

図 2.7 plotrose_1.py の実行結果　　図 2.8 plotrose_2.py の実行結果

## 2.4 ク ラ ス

Python はオブジェクト指向言語に分類され，**クラス**（Class）によってさまざまな**オブ
ジェクト**を定義できる。2.5 節以降でクラスの枠組みを使ったデータ構造を利用するので，
本節でその基本的な内容について概説する。

クラスはオブジェクトの共通の変数（データ属性）や関数（メソッド）を定義した枠組み
である。例えば，つぎのように長方形を表すクラス Rectangle を作成し，rect.py とい
うファイルで保存する。

```
───── プログラム 2.13 rect.py ─────
class Rectangle:

    def __init__(self, dx, dy):   # 初期化関数
        self.dx = dx
        self.dy = dy

    def cal_area(self):   # 面積を計算する関数
        self.area = self.dx * self.dy
        return self.area
```

すべてのクラスには，初期化する（オブジェクトを生成する）ときに実行される関数
__init__(self) が定義されなければならない。ここで，self はオブジェクト自身を意
味する。cal_area(self) は，長方形の面積を計算する関数である。

つぎのようなプログラムを作成して，rect1 というオブジェクトを生成する。

```
───── プログラム 2.14 object.py ─────
from rect import *   # rect.py の内容をインポートする
rect1 = Rectangle(200, 100)   # Rectangle クラスのオブジェクト rect1 を生成
print(' Side lengths of rect1: ', rect1.dx, rect1.dy)
aa = rect1.cal_area()   # rect1 の面積の計算
print(' Area of rect1: ', aa)
```

実行結果はつぎのとおりである。

```
Side lengths of rect1: 200 100
Area of rect1: 20000
```

つぎに，長方形の一種である正方形のクラスを作ってみる。その際，長方形で定義された
関数と変数を用いることにする。1 つのクラスの定義を継承するようなクラスを**サブクラス**
という。クラス Square を，Rectangle のサブクラスとして以下のように定義する。

**30**　　2.　Python 入　　　　門

```
──────────── プログラム 2.15 square.py ────────────
from rect import * # rect.py の内容をインポートする


class Square(Rectangle):

    def __init__(self, dx):
        self.dx = dx
        self.dy = self.dx # 2 辺の長さを等しくする
```

Square のインスタンス sq1 を定義し，1 辺の長さを 100 とするつぎの 2 行を square.py に追記する。

```
sq1= Square(100)
print('Area of sq1: ', sq1.cal_area())
```

実行結果は

```
Area of sq1: 10000
```

となる。

　リストのコピーと同様に，クラスのオブジェクトをコピーする際には注意が必要である。通常の変数のような代入操作では，記憶領域内での位置がコピーされたことになるため，標準モジュール copy を用いて，b=copy.copy(a) あるいは b=copy.deepcopy(a) のような手続きでコピーする。

## 2.5　CAD・CG ソフトウェアとの連係

### 2.5.1　Python で絵を描く方法

　建築のデザイン・コンピューティングを学ぼうとする多くの読者は，早く「絵」をプログラミングを用いて描いてみたいと考えるだろう。では，2 次元または 3 次元の図形を描画するにはどうすればよいだろうか。1 つの方法は，Python 付属の turtle ライブラリや，グラフ描画によく用いられる matplotlib ライブラリを import して利用することである。もう 1 つの方法は，Python での操作に対応している **CAD**（computer aided design）ソフトウェアや **CG**（computer graphics）ソフトウェアを利用することである。建築設計でもよく使用されるモデリングソフト Rhinoceros とそのプラグインの Grasshopper や，本節で解説する Blender は，Python を用いて操作することができる。

　本節では 3DCG アプリケーションである Blender を採用する。採用する理由としては，無料であること，Windows や Mac，Linux といった OS を選ばずに使用できること，オープ

ンソースながらも商用ソフトウェアに劣らない機能が利用できることがあげられる。Blender を使用した経験がない，もしくはこのような 3DCG ソフトウェアを触るのがはじめてという読者もいるだろうが，ヘルプやインターネット上のチュートリアルなどを検索して基本操作を確認しながら進めていってほしい。

### 2.5.2 Blender のインストールと Python スクリプトの実行

（1）**インストール**　まず，Blender をインストールしよう。公式ウェブサイト（https://www.blender.org/download/）にアクセスし，OS に合せて適切なものをインストールする。インストールがすんだら Blender を起動してみよう。基本的なユーザーインターフェースの名称や操作については，公式マニュアル（Help → Manual から開く）を参照してほしい。

（2）**スクリプティングスクリーン**　上部にある Info Editor から Scripting Screen を図 2.9 のように選択することで，デフォルトの Editor 構成からスクリプティング用の Editor 構成に切り替わる。

図 2.9　Blender での Scripting Screen の選択

Scripting Screen では，中央左側の Text Editor で Python スクリプトが実行でき，下側の Python Console では対話型で実行できる。

（3）**Python Console による操作**　つぎのように，Python Console を使ってみよう。

```
>>> import bpy
>>> list(bpy.data.objects)
[bpy.data.objects['Camera'], bpy.data.objects['Cube'], bpy.data.objects['Lamp']]

>>> bpy.ops.mesh.primitive_cube_add(radius=2, location=(5,0,0))
{'FINISHED'}

>>> list(bpy.data.objects)
[bpy.data.objects['Camera'], bpy.data.objects['Cube'], bpy.data.objects
```

```
['Cube.001'],
    bpy.data.objects['Lamp']]
```

bpyというライブラリがBlenderに組み込まれており，基本的にこのbpyを用いてBlenderを操作する。list(bpy.data.objects)によって，3つのオブジェクト（カメラと立方体と照明）が初期状態で存在していることがわかる。つぎのbpy.ops.mesh.primitive_cube_addにおいて，半径（radius，1辺の長さの1/2）と中心座標（location）をそれぞれ2，(5, 0, 0)と指定することによって，新たに立方体を追加している。図2.10（口絵参照）のように，2つの立方体が存在することは，list(bpy.data.objects)と入力することによって確認できる。

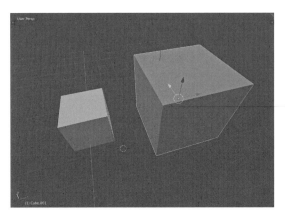

図2.10　Pythonによる立方体の生成

では，新しく生成した立方体Cube.001を，つぎのように操作してみよう。

```
>>> cube001 = bpy.data.objects['Cube.001']
>>> cube001.location
Vector((5.0, 0.0, 0.0))

>>> cube001.location = (0, 0, -3)
>>> material = bpy.data.materials.new('Red')
>>> material.diffuse_color = (1, 0, 0)
>>> cube001.data.materials.append(material)
>>> cube001.select = True
>>> bpy.ops.object.delete()
{'FINISHED'}
```

cube001が移動し，色が赤に変化し，その後選択して削除できただろうか。オブジェクトに，location, data.material, selectといった属性が定義されており，それらを上書きすることで操作することができる。

（4）　**スクリプトファイルによる操作**　　対話型だけではなく，スクリプトを読み込んで

操作することもできる．中央左側の Text Editor の下側にある「New」ボタン（**図 2.11** の太枠内の＋マーク）を押して新規スクリプトを開き，以下のようなスクリプトを書いてさまざまな primitive を作成してみよう．

図 2.11

---
**プログラム 2.16** primitive を生成するプログラム：`blender01.py`
---

```
import bpy

bpy.ops.mesh.primitive_circle_add(location=(5.0, 5.0, 0.0))
bpy.ops.mesh.primitive_cone_add(location=(0.0, 5.0, 0.0))
bpy.ops.mesh.primitive_cube_add(location=(-5.0, 5.0, 0.0))
bpy.ops.mesh.primitive_cylinder_add(location=(5.0, 0.0, 0.0))
bpy.ops.mesh.primitive_grid_add(location=(0.0, 0.0, 0.0))
bpy.ops.mesh.primitive_ico_sphere_add(location=(-5.0, 0.0, 0.0))
bpy.ops.mesh.primitive_monkey_add(location=(5.0, -5.0, 0.0))
bpy.ops.mesh.primitive_plane_add(location=(0.0, -5.0, 0.0))
bpy.ops.mesh.primitive_torus_add(location=(-5.0, -5.0, 0.0))
```

実行結果を**図 2.12**（口絵参照）に示す．

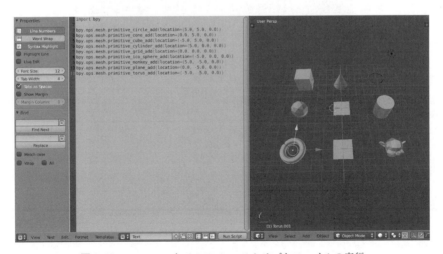

図 2.12 Blender 上での Python スクリプトファイルの実行

Blender を Python で操作するための関数やクラスは，Help → Python API Reference で閲覧することができる．

### 2.5.3 図形の配列

2D描画，3Dモデリングに際してプログラミングで操作を行う利点は，マウス操作では煩雑な繰り返しを行う場合だろう．図形を複数配列する操作や，再帰的な操作を適用したフラクタル図形の生成が相当する．つぎのプログラム2.17で図形を配列してみよう．

───── プログラム2.17 図形を配列するプログラム：`blender02.py` ─────
```
import bpy
import random

random.seed(0)
n = 7
a = 4.0
for i in range(n):
    for j in range(n):
        for k in range(n):
            b = 1.5*a * (i+j+k)/(3*n)
            loc = (a*i, a*j, a*k)
            translate_v = (random.random()*b, random.random()*b, random.
            random()*b)
            bpy.ops.mesh.primitive_cube_add(location=loc)
            bpy.ops.transform.translate(value=translate_v)
```

`blender02.py`では，図2.13のように，$n \times n \times n$の立方体（大きさは初期値で一辺2）を間隔$a=4.0$で生成している．その際，立方体ごとに移動量を指定して，`for`ループの後ろにいくほど移動量が大きくなるように設定している．

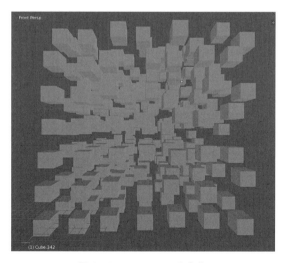

図2.13 $n \times n \times n$の立方体

`bpy.ops.transform.translate(value=translate_v)`は，選択している図形を`value`で指定した3次元ベクトルだけ移動する操作であり，直前で生成した図形が選択状態になっているため，直後で変形操作を行うことができる．移動量は`for`ループの変数`i`, j，k を用いて範囲を決定し，random.random() で 0 以上 1 未満の一様乱数を乗じて変化をつけている。移動以外にも，拡大縮小や回転といった変形の操作を加えてみる，あるいは色や透明度を変えてみるのもよいだろう。

### 2.5.4 フラクタル図形の生成

図形の部分と全体が相似であることを**自己相似**であるといい，自己相似性をもつ図形を**フラクタル図形**と呼ぶ[1]。

2.5.2 項では，中心の座標と半径を指定することで立方体を追加した。ここでは，**図 2.14** のように，頂点の座標と順序を指定して面を作成することで，立方体を描画する。

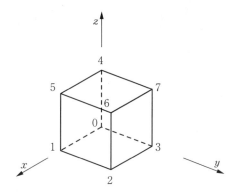

**図 2.14** 立方体の頂点座標と頂点番号

つぎのプログラム 2.18 では，まず，8 個の頂点のデータ nodes と 6 個の面のデータ faces を作成している。つぎに，立方体のメッシュデータを mesh_data という名前で作成し，そのメソッド from_pydata によって，頂点データと面データを与えている。

**プログラム 2.18 頂点座標と面を指定して立方体を描画するプログラム：`blender03.py`**
```
import bpy

# 立方体の頂点座標と辺・頂点の接続関係
nodes=[[0,0,0], [1,0,0], [1,1,0], [0,1,0],
       [0,0,1], [1,0,1], [1,1,1], [0,1,1]]

faces=[[0,1,2,3], [4,5,6,7], [0,4,5,1],
       [1,2,6,5], [3,2,6,7], [0,3,7,4]]
mesh_data = bpy.data.meshes.new('cube_mesh_data')    # メッシュデータを作成
cube_object = bpy.data.objects.new('cube_object', mesh_data)   # 立方体オブジェクトを作成

scene = bpy.context.scene                    # シーンを作成
scene.objects.link(cube_object)              # オブジェクトを現在のシーンにリンク

mesh_data.from_pydata(nodes, [], faces)      # 頂点と面のリストをメッシュデータに追加
mesh_data.update()                           # 編集したデータを更新
```

36     2. Python 入門

この立方体を用いて，図 2.15 のようなフラクタル図形を描画する。$F_2$ は 4 つの $F_1$ で構成されており，$F_3$ は 4 つの $F_2$ で構成されているといった自己相似性をもつ。プログラムは，以下の blender04.py のようになる。

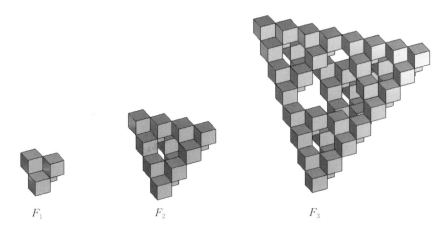

図 2.15   立方体で構成されるフラクタル図形

---
プログラム 2.19 立方体で構成されるフラクタル図形を描画するプログラム：blender04.py

```
import bpy
import copy      # オブジェクトをコピーするためのモジュール copy をインポート
def move(box,l,stack,s,t):       # 図形をコピーして移動する操作

    box_2 =copy.deepcopy(box)    # box を box_2 にコピー
    n=len(box_2)

    for i in range(n):
        for j in range(8):
            box_2[i][j][s]+=l    # s 方向に l だけ移動
            box_2[i][j][t]+=l    # t 方向に l だけ移動

stack.extend(box_2)              # スタックにコピー

#######################################
# 立方体の頂点座標と辺・頂点の接続関係
verts=[[[0,0,0], [1,0,0], [1,1,0], [0,1,0],
        [0,0,1], [1,0,1], [1,1,1], [0,1,1]]]

faces=[[0, 1, 2, 3], [4, 5, 6, 7], [0, 4, 5, 1],
       [1, 2, 6, 5], [3, 2, 6, 7], [0, 3, 7, 4]]

stack=[]          # 立方体を保存するためのスタックの初期化

l=1               # 立方体を移動する量の初期値
#######################################

# フラクタル図形の生成．初期値では 3 回繰り返し
for i in range(3):
    move(verts,l,stack,1,2)
```

2.5 CAD・CGソフトウェアとの連係    37

```
    move(verts,l,stack,0,1)
    move(verts,l,stack,0,2)
    verts.extend(stack)
    stack=[]
    l=l*2

## 変数の初期化
m_d=[]
c_m_d=[]
c_o=[]
C_O=[]

n=len(verts)

#blnder 上に図形を描画するための設定
for i in range(n):
    m_d.append("mesh_data_"+str(i))
    c_m_d.append("cube_mesh_data_"+str(i))
    c_o.append("cube_object"+str(i))
    C_O.append("Cube_Object"+str(i))

    m_d[i] = bpy.data.meshes.new(c_m_d[i])
    m_d[i].from_pydata(verts[i], [], faces)
    m_d[i].update()
    c_o[i] = bpy.data.objects.new(C_O[i], m_d[i])

scene = bpy.context.scene

for i in range(n):
    scene.objects.link(c_o[i])
```

blender04.py では，まず，立方体をコピーして移動するための関数 move を定義している。引数の box は頂点のデータ，l は移動量，stack は立方体を保存するためのスタック（新たに追加する要素はデータの最後に追加し，要素を取り出すときはデータの最後から取り出すデータ構造），s,t は移動方向である。ここで，クラスのオブジェクトをコピーする際には，単なる代入操作ではなく，copy モジュールの関数 deepcopy() を用いる必要があることに注意する。さらに，つぎのプログラム 2.20 を追記することで，図形が生成される過程を描画することもできる。

─── プログラム 2.20 フラクタル図形の描画過程を表示するプログラム：blender05.py ───

```
import math
#camera_setting
######################################
bpy.ops.object.camera_add(location=(0,0,15.5),rotation=(math.pi/4,0,math.pi/2))
camera=bpy.data.objects['Camera']
world=bpy.data.worlds['World']
d_camera=bpy.data.cameras['Camera']

world.light_settings.use_environment_light=True   # 環境光を使用
world.light_settings.use_indirect_light=True    # 間接光を使用
```

```
d_camera.shift_x=0.12    #レンダリング範囲の調整
d_camera.shift_y=0.064
scene.render.resolution_x=1200    #解像度の指定
scene.frame_end=260    #レンダリングを行う最後のフレームの設定

T_START=0
current_frame = T_START
for i in range(n):    #図形が出現するタイミング，カメラの設定
    cube=bpy.data.objects[C_O[i]]
    cube.hide_render = True
    cube.hide = True
    cube.keyframe_insert(data_path="hide_render",frame=current_frame)
    cube.keyframe_insert(data_path="hide",frame=current_frame)

    current_frame = T_START+i
    cube.hide_render = False
    cube.hide = False
    cube.keyframe_insert(data_path="hide_render",frame=current_frame)
    cube.keyframe_insert(data_path="hide",frame=current_frame)

    camera.location=(30*math.cos(2*math.pi/n*i)+10,30*math.sin(2*math.pi/n*i)+10,30)
    camera.rotation_euler = (10*math.pi/36, 0, math.pi/2+2*math.pi/n*i)
    camera.keyframe_insert(data_path="location",frame=current_frame)
    camera.keyframe_insert(data_path="rotation_euler",frame=current_frame)
```

ここでは，図形が出現するタイミングやライト，カメラを設定している。プログラムを実行した後，図 2.16 に示すように画面右側にある Properties Editor の Render にある Animation（図 2.16 の太線内箇所）をクリックすることで，図 2.17 のような動画を作成することができる。

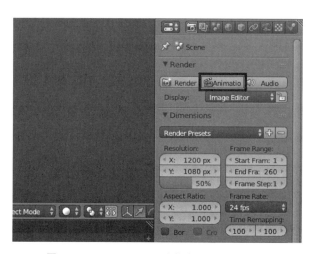

図 2.16　アニメーションを作成するための画面

## 2.5 CAD・CG ソフトウェアとの連係

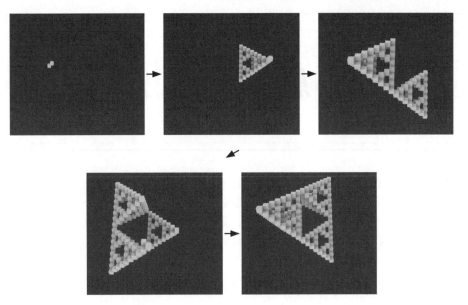

図 2.17 アニメーションのスナップショット

# 3 形 態 の 生 成

　本章では Python による簡単なプログラム例を通じて，アルゴリズムにより形態を操作・生成する方法について紹介する。タイル貼りのような幾何学的形態の生成方法，曲面のパラメトリックな記述方法を対象とし，描画には，2.2節で紹介した標準的なグラフィックス環境である **turtle** と **matplotlib** を利用する。

## 3.1 形 態 文 法

### 3.1.1 定　　　義

　**形態文法**（shape grammar）は，1971 年に G. Stiny と J. Gips が発表した論文「Shape Grammars and the Generative Specification of Painting and Sculpture[1]」の中でその基本概念が提案されて以来，空間分析や形態生成の理論としておもにアカデミズムの世界で広く研究されてきた[2]。その定義は下記のとおりである。

$$SG = (V_T, V_M, R, I) \tag{3.1}$$

ここで

- $V_T$ は形態の有限集合
- $V_M$ は $V_T{}^* \cap V_M = \phi$ となるような形態の有限集合，ここで $V_T{}^*$ の要素は，$V_T$ の要素の 1 つあるいは複数をスケールあるいは方向を変更したもので構成される集合
- R は順序対（u, v）の有限集合，ここで u は $V_M$ の要素と結合した $V_T{}^*$ から構成される形態，v は ①u に含まれる $V_T{}^*$ の要素，または ②$V_M$ の要素と結合して u に含まれる $V_T{}^*$ の要素，または ③$V_T{}^*$ の付加的要素と $V_M$ の要素と結合して u に含まれる $V_T{}^*$ の要素，から構成される形態
- I は $V_T{}^*$ と $V_M$ の要素から構成される形態

とされている。形態文法の定義は，ノーム・チョムスキー（N. Chomsky）が言語学において導入した句構造規則（生成文法）の定義に準じたものであるが，生成文法が記号のアルファベット上で定義されシンボルの 1 次元文字列を生成するのに対して，形態文法は形態のアルファベット上で定義される違いがある。言い換えれば，$V_T$ は形態のアルファベット（プリミティブ），$V_M$ は形態の配置を誘導するマーカー，I は初期形態，R は現在の形態（の一

部分）がいかに変形できるかを定義した形態ルールであり

$$\text{Left-Hand Side(LHS)} \longrightarrow \text{Right-Hand Side(RHS)} \tag{3.2}$$

と表すことができる。**図 3.1** に示すように，左側の図形（LHS）は右側の図形（RHS）に置き換えることができるという意味である。

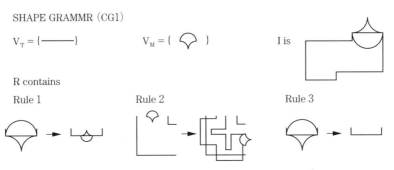

**図 3.1** Urfrom を生成するための形態文法（CG1）[1]

形態文法を用いた形態の生成では，初期形態に順次ルールを適用することで最終形態に到達する。適用可能なルールが複数存在する場合，（恣意的あるいはランダムに）いずれかを選択することになり，それによりさまざまなバリエーションを生成することもできる。

Stiny and Gips の論文の中では，具体的な例として，Stiny 自身がアクリル絵具で描画した**図 3.2** のような抽象的なペインティング（Urform）が，基本的に図 3.1 に示すような 3 個のルールによる形態文法（CG1）により記述できることが示されている。

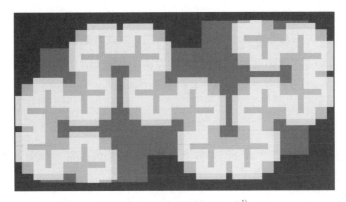

**図 3.2** Urfrom III（レベル 3）[1]

図 3.1 中の Rule 1 はマーカーを 1/3 に縮小して反転する形態ルール，Rule 2 は ⌐型の基本形態を 7 個の小さな基本形態の組み合わせに変形するルール，Rule 3 はマーカーを削除するルールである。Rule 3 が適用されると生成プロセスは終了する。論文では，配色に関するルールも示されているが，ここでは省略する。**図 3.3** は，各ルールの適用により図 3.1 に示した最終形態に至るプロセスを説明している。

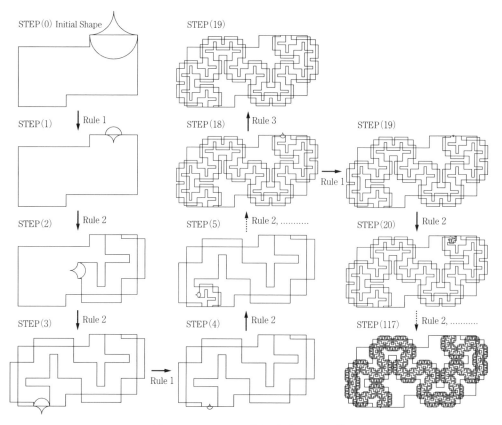

**図 3.3** CG1 による形態の生成プロセス[1]

STEP（18）で Rule 3 ではなく Rule 1 を適用すれば，さらに深いレベルの Urfrom IV が生成される。この例からもわかるように，複雑な形態を生成する形態文法は，再帰的な構造も念頭に入れていたことが確認できる。その意味では，形態文法（CG1）は L システムとも類似しており，Urform はフラクタル図形ともいえるであろう。

### 3.1.2 CG1 の実装

1971 年当時は机上の試行であった形態文法（CG1）を Python で実装してみよう。ただし，形態ルール：Left-Hand Side（LHS）→ Right-Hand Side（RHS）の構文は，そのまま Python では記述できないため，多少の翻訳が必要である。具体的には，図 3.3 では段階的に各レベルの形態全体が描画されるのに対して，Python のプログラムでは基本形態単位で再帰的に描画を行う方が効率的であり，Rule 1 の機能を拡張する必要がある。

一方で，Python 標準のグラフィックス環境はタートルグラフィックスを採用しているので，タートルをマーカーと読み替えることができるであろう。プログラムを以下に示す。

## 3.1 形 態 文 法　　43

─────── プログラム 3.1 形態文法 CG1 のプログラム：**shapegrammer.py** ───────

```python
import turtle            # Python 標準のグラフィックス環境の読み込み
scale = 1.0              # 大域変数 scale はパソコン画面の解像度に応じて調整
level = 1                # 大域変数 level は生成レベル

def Urform(i, sign):     # 基本形態の描画，引数 i は再帰レベル，sign は対称置換の符号
    turtle.pendown()
    turtle.forward(900.0*scale / (3**i))
    turtle.left(90*sign)
    turtle.forward(900.0*scale / (3**i))
    turtle.penup()
    turtle.left(90*sign)
    turtle.forward(900.0*scale / (3**i))
    turtle.left(90*sign)
    turtle.forward(180.0*scale / (3**i))
    turtle.left(90*sign)
    turtle.pendown()
    turtle.forward(180.0*scale / (3**i))
    turtle.left(90*sign)
    turtle.forward(180.0*scale / (3**i))
    turtle.penup()

def Rule1(i, sign):      # 引数 i は再帰レベル，sign は対称置換の符号
    start = turtle.position()
    Urform(i, sign)
    stop = turtle.position()
    if i < level:
        turtle.goto(start);
        turtle.forward(480.0*scale / (3**i))
        turtle.right(90*sign)
        Rule2(i + 1, -sign)
        turtle.goto(stop)
    else:
        Rule3()

def Rule2(i, sign):      # 7 個の基本形態を描画
    Rule1(i, sign)
    Rule1(i, -sign)
    turtle.left(90*sign)
    turtle.forward(720.0*scale / (3**i))
    turtle.right(90*sign)
    Rule1(i, -sign)
    Rule1(i, sign)
    Rule1(i, -sign)
    turtle.left(90*sign)
    turtle.forward(720.0*scale / (3**i))
    turtle.right(90*sign)
    Rule1(i, -sign)
    Rule1(i, sign)

def Rule3():             # 終了ルール
    return

def I(n): # 初期形態 Initial Shape
    global level
```

```
    level = n
    turtle.speed('fastest')
    turtle.penup()
    turtle.goto(60.0*scale, 180.0*scale)
    turtle.pendown()
    turtle.forward(240.0*scale)
    turtle.right(90)
    Rule1(1, -1)
    Rule1(1, 1)
    turtle.right(90)
    turtle.pendown()
    turtle.forward(240.0*scale)
    turtle.hideturtle()
    turtle.done()

I(3)
```

 Urform(i, sign) は，レベル i の 凵 型の基本形態を sign の符号（1 あるいは −1）で描画する関数である．Rule1(i, sign) は，まず基本図形を描画した後，再帰レベル i が生成レベル level に達していなければ，タートルの位置をエッジの 2/3 の地点（マーカーの左隅）に移動・反転して Rule2() を呼び出し，生成レベルに達した場合は終了ルール Rule3() を呼び出す．Rule2(i, sign) は，再帰レベル i に応じたサイズの 7 個の基本形態を描画するために，改めて Rule1() を順番に呼び出している．

 すなわち，図 3.3 では，Rule 3 は生成プロセスを終了する段階で一度だけ適用されるが，Python のプログラムでは基本形態単位で Rule3() が適用されることになる．

 I(n) は初期形態を描画するとともに生成を開始する関数であり，shapegrammer.py の最後に I(3) と入力することで，レベル 3 の Urform を描画している．なお，CG1 との対応関係を明確にするために Rule3() を用意したが，Rule1 の else 以下は単に return としておいてもよい．

### 3.1.3　建築デザインへの応用

 旧日仏会館（設計：吉阪隆正＋U 研究室）は，**図 3.4**（口絵参照）に示すようなフランス

図 3.4　日仏会館の実際のタイル
　　　　（展示会図録より）

のFと日本のJをデザインした76 mm角のオリジナルタイルをさまざまに組み合わせた幾何学模様で飾られていた。3種類の模様を**図3.5**（口絵参照）に示す。デザインはU研究室の大竹十一が数か月にわたり検討を繰り返した労作である。建物自体は1995年に取り壊され，新たな場所で建て替えられたが，恵比寿にある現日仏会館のエントランス脇の壁にわずかながらその一部が保存されている。

（a）模様1　　　　　　（b）模様2　　　　　　（c）模様3

図3.5　日仏会館のタイル模様

遠目に浮かび上がる幾何学模様が，緻密な形態ルールによるタイルの配置にあることは明らかであろう。タイルを個々に見ると，Fの方向を基準として右向き，上向き，左向き，下向きの4方向があるので，これらを0，1，2，3とすれば，視覚的に認識される模様の背後に隠れた形態ルールを読み取ることができる。例えば図（b）模様2は，**図3.6**に示すように，基本的に10枚（2×5）による2種類のパターンの繰り返しであることがわかる。

| 1 | 3 | 0 | 2 | 1 | 3 | 0 | 2 | 1 | 3 | 0 | 2 | 1 | 3 | 0 | 2 | 1 | 3 | 0 | 2 |
|---|---|---|---|---|---|---|---|---|---|---|---|---|---|---|---|---|---|---|---|
| 3 | 1 | 2 | 0 | 3 | 1 | 2 | 0 | 3 | 1 | 2 | 0 | 3 | 1 | 2 | 0 | 3 | 1 | 2 | 0 |
| 2 | 0 | 3 | 1 | 2 | 0 | 3 | 1 | 2 | 0 | 3 | 1 | 2 | 0 | 3 | 1 | 2 | 0 | 3 | 1 |
| 0 | 2 | 1 | 3 | 0 | 2 | 1 | 3 | 0 | 2 | 1 | 3 | 0 | 2 | 1 | 3 | 0 | 2 | 1 | 3 |
| 2 | 0 | 3 | 1 | 2 | 0 | 3 | 1 | 3 | 0 | 3 | 0 | 2 | 0 | 3 | 1 | 2 | 0 | 3 | 1 |
| 0 | 2 | 1 | 3 | 0 | 2 | 1 | 3 | 1 | 3 | 1 | 3 | 0 | 2 | 1 | 3 | 0 | 2 | 1 | 3 |
| 2 | 0 | 3 | 1 | 2 | 0 | 3 | 1 | 3 | 1 | 2 | 0 | 2 | 0 | 3 | 1 | 2 | 0 | 3 | 1 |
| 3 | 1 | 2 | 0 | 3 | 1 | 2 | 0 | 2 | 0 | 3 | 1 | 3 | 1 | 2 | 0 | 3 | 1 | 2 | 0 |
| 1 | 3 | 0 | 2 | 1 | 3 | 0 | 2 | 0 | 2 | 1 | 3 | 1 | 3 | 0 | 2 | 1 | 3 | 0 | 2 |
| 3 | 1 | 2 | 0 | 3 | 1 | 2 | 0 | 1 | 2 | 3 | 1 | 3 | 1 | 2 | 0 | 3 | 1 | 2 | 0 |
| 1 | 3 | 0 | 2 | 1 | 3 | 0 | 2 | 1 | 3 | 0 | 2 | 1 | 3 | 0 | 2 | 1 | 3 | 0 | 2 |
| 3 | 1 | 2 | 0 | 3 | 1 | 2 | 0 | 3 | 1 | 2 | 0 | 3 | 1 | 2 | 0 | 3 | 1 | 2 | 0 |
| 2 | 0 | 3 | 1 | 2 | 0 | 3 | 1 | 2 | 0 | 3 | 1 | 2 | 0 | 3 | 1 | 2 | 0 | 3 | 1 |
| 0 | 2 | 1 | 3 | 0 | 2 | 1 | 3 | 0 | 2 | 1 | 3 | 0 | 2 | 1 | 3 | 0 | 2 | 1 | 3 |

図3.6　模様2のタイルの配置

### 3.1.4　日仏タイルの形態文法

まず，FとJで構成されたFJタイルを描画する関数を準備することにしよう。タイルが回転することを考慮する必要があるので，タイルの中心を原点とし，Fの部分とJの部分を順にトレースすればよい。なお，タイルは2色あるので，`FJtile(n, c)`は，nをタイルの

**46**    3. 形 態 の 生 成

方向とし，cが偶数の場合は青，奇数の場合は赤いFJタイルを描き，戻り値として自身の
方向n（0，1，2，3）を返すことにする。Pythonのプログラムは以下のようになる。

――――――――― プログラム 3.2 日仏タイルのプログラム：`tiling.py` ―――――――――

```python
import turtle              # Python 標準のグラフィックス環境の読み込み
scale = 0.5 # 大域変数 scale は画面の解像度に応じて調整

def FJtile(n, c):         # FJ タイルの描画
    center = turtle.position()
    turtle.penup();
    turtle.setheading(0)
    turtle.left(n*90); turtle.forward(38.0*scale)
    turtle.left(90); turtle.forward(7.0*scale)
    turtle.pendown()
    turtle.color('#e8e2cc')
    turtle.begin_fill()
    turtle.forward(30.0*scale)
    turtle.left(90); turtle.forward(76.0*scale)
    turtle.left(90); turtle.forward(76.0*scale)
    turtle.left(90); turtle.forward(31.0*scale)
    turtle.left(90); turtle.forward(25.0*scale)
    turtle.right(90); turtle.forward(25.0*scale)
    turtle.left(90); turtle.forward(12.0*scale)
    turtle.left(90); turtle.forward(11.0*scale)
    turtle.right(90); turtle.forward(8.0*scale)
    turtle.right(90); turtle.forward(31.0*scale)
    turtle.end_fill()
    if c % 2 == 0:
        turtle.color('#5775b1')
    else:
        turtle.color('#804235')
    turtle.begin_fill()
    turtle.right(90); turtle.forward(45.0*scale)
    turtle.right(90); turtle.forward(45.0*scale)
    turtle.right(90); turtle.forward(25.0*scale)
    turtle.right(90); turtle.forward(25.0*scale)
    turtle.left(90); turtle.forward(12.0*scale)
    turtle.left(90); turtle.forward(11.0*scale)
    turtle.right(90); turtle.forward(8.0*scale)
    turtle.right(90); turtle.forward(31.0*scale)
    turtle.end_fill()
    turtle.penup();
    turtle.setheading(0)
    turtle.goto(center)
    return n
```

以下のように，`FJtile(n, c)` を用いてさまざまな模様を描画するプログラムを
`tiling.py` に追加していく。

タイルの貼り方については，あるタイルを基準に考えると，つぎに貼るタイルは，**図 3.7**
のように右側，上側，左側，下側の 4 か所が考えられる。さらに，向きは 4 方向あり，色は
2 種類あるので，総計 32 通りとなるが，タイルの方向と色をパラメータとすれば，以下の 4

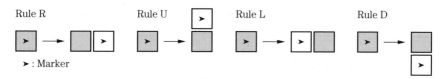

**図 3.7** タイルを追加するルール

個の形態ルールで記述できる．なお，プログラムの 3.2 の FJtile() の下から 3 行目の turtle.setheading(0) を見ればわかるように，描画が終了しだいタートルの向きは 0° 方向に戻るので，マーカー（＝タートル）の向きと，戻り値としてのタイルの方向を混同しないようにしてほしい．これらのルールを Python で記述するとつぎのようになる．

```
def R(n, i = 2, c = 0):# 右側に配置
    turtle.setheading(0); turtle.forward(80.0*scale)
    return FJtile((n + i) % 4, c)

def U(n, i = 2, c = 0):# 上側に配置
    turtle.setheading(90); turtle.forward(80.0*scale)
    return FJtile((n + i) % 4, c)

def L(n, i = 2, c = 0):# 左側に配置
    turtle.setheading(180); turtle.forward(80.0*scale)
    return FJtile((n + i) % 4, c)

def D(n, i = 2, c = 0):# 下側に配置
    turtle.setheading(270); turtle.forward(80.0*scale)
    return FJtile((n + i) % 4, c)

def I(n, x, y, c = 0): # 初期形態 Initial Shape
    turtle.speed('fastest')
    turtle.hideturtle()
    turtle.penup()
    turtle.goto((x*80.0 + 40.0) * scale, (y*80.0 + 40.0) * scale)
    return FJtile(n, c)
```

形態ルール R, U, L, D は，それぞれ，n 方向を向いたタイルの右側，上側，左側，下側にマーカーを移動して，新たに c 色のタイルを i 回転して配置し，戻り値としてそのタイルの方向 n を返す（描画ルール FJtile() の戻り値 n と入れ子状になっていることに注意）．i や c は，形態ルールを呼び出す際に特に指定がなければデフォルトの値（i = 2：180°）（c = 0：青）が適用される．I(n, x, y, c) は初期形態を与えるルールであり，x, y の位置に c 色のタイルを n 方向に貼る．

これらの形態ルールを利用し，戻り値 n を連続的につぎの形態ルールに引き渡すことで，さまざまな模様を生成することができる．例えば，青色の星形のパターンは，下，右，上と新たなタイルを直前の方向から 90° 回転させて貼る（パラメータ i = 1, c = 0）ことで実現できるので，U(R(D(I(0, 0, 0),1,0),1,0),1,0) のような LISP 風の手続きとなる．し

**48    3. 形 態 の 生 成**

たがって，図3.5（a）模様1はつぎのような手続きにより生成することができる。

```
for y in range(0, 8):
    for x in range(0, 8):
        c = y // 2 % 2 + x % 2  # タイルの色決め
        U(R(D(I(0, y % 2 + x * 2 - 6, y * 2 - 5, c),1,c),1,c),1,c)
turtle.done()
```

あるいは，横位置がずれるのが気になるのであれば，星形に続けた上4枚も含めて，以下のように2段で8枚を一組にした配置ルールを考えればよい。

```
for y in range(0, 4):
    for x in range(0, 8):
        c = (x + y) % 2          # タイルの色決め
        n = U(R(D(I(0, x * 2 - 8, y * 4 - 7, c),1,c),1,c),1,c)
        D(L(U(U(n, 2, c),3,c),3,c+1),3,c+1)
turtle.done()
```

図3.5（b）の模様2は，図3.6で確認したように，10枚一組のパターンの繰り返しである。そこで，星形のパターンと同様に，先に定義した形態ルールR，U，L，Dを利用して順番に並べるだけなら，R(U(L(U(R(U(L(U(R(I(0, 0, 0))))))))))) のような手続きとなるので，例えば

```
for y in range(-1, 1):
    for x in range(-2, 2):
        R(U(L(U(R(U(L(U(R(I(2 + y % 2, x * 4, y * 5)))))))))))
        R(U(L(U(R(U(L(U(R(I(3 - y % 2, x * 4 + 2, y * 5)))))))))))
```

と書けるであろう。一方，図3.5（b）の模様2を細かく観察すると，一部で方向の入れ替えや色の変更によるパターン変化が確認できるので，そのような変化を考慮に入れたパターンを生成する上位ルールを，以下のように定義してみることにする。

```
def S(n, i = 2, c1 = 0, c2 = 0):
    return R(U(L(U(R(U(L(U(R(n))), 2, c1), i, c2)))))

def Z(n, i = 2, c1 = 0, c2 = 0):
    return R(D(L(D(R(D(L(D(R(n))), 2, c1), i, c2)))))
```

形態ルールSは左下から上に向かって，Zは左上から下に向かって，S，Zの字面をなぞるように，10枚（$2 \times 5$）の青色のタイルを反転（デフォルトi＝2）させながら配置するように定義した上位ルールである。なお，i（デフォルト＝2：180°），c1（デフォルト＝0：青），c2（デフォルト＝0：青）は，5枚目と6枚目を貼る際にパターンと色を変化させる場合のパラメータである。形態ルールSは右上のタイルで終了し，形態ルールZは右下

のタイルで終了するので，これらを以下のように連続させることで，5枚を一段として規定のパターンが生成できる。

```
S(R(Z(R(S(R(Z(R(S(R(Z(I(3, -6, -1)),1)),2),3,0,1),1),3,1,0),2)),1))
Z(R(S(R(Z(R(S(R(Z(R(S(I(2, -6, 0)),3)),2),1,0,1),3),1,1,0),2)),3))
turtle.done()
```

　上記の手続きは図3.5（b）の模様2の形態文法の一例であり，生成方法はほかにも考えられるので，別のルールを考案してみるのもよいであろう。

　図（c）の模様3は，模様1，2に比べると多少複雑である。背後に隠れたパターンを読み解くために数字に置き換えてみると，**図3.8**に示すように，基本的には7×7のパターンの繰り返しであることが確認できる。その内部を詳細に観察すると，中心の星型のパターンは全体のグリッドとずれており，その周りを10枚のパターンが回転対称に取り囲んでいることがわかる。

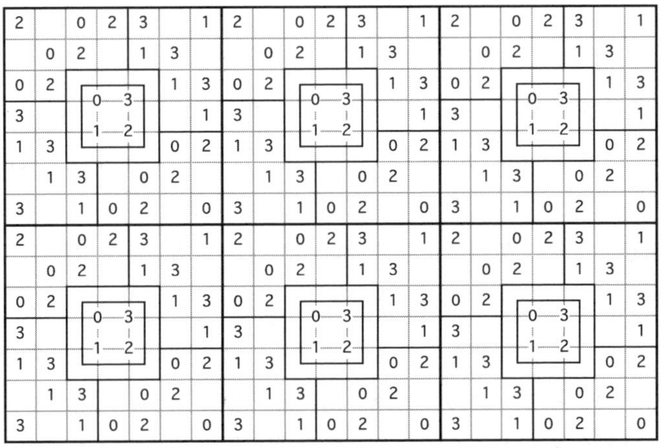

**図3.8** 図3.5（c）の模様3のタイルの配置

　そこで，回転対称のパターンを効率的に記述できるように，パラメータを用いてR，U，L，Dを1つにしたメタルールCを考えてみる。

```python
def C(n, d, i = 2):
    turtle.left((n + d) * 90); turtle.forward(80.0* scale)
    return FJtile((n + i) % 4, 1)

def V(n):
    turtle.left((n + 1) * 90); turtle.forward(80.0* scale);
    turtle.setheading(0)
    return n

def E(n):
    return C(V(C(V(C(C(V(C(C(n,0),3)),0,0),3)),2)),1)
```

50 3. 形 態 の 生 成

形態ルール V は C と同様であるが，何も貼らずにマーカーだけ移動する。形態ルール E は，回転対称となる 10 枚のパターンを生成する。定義した形態ルール E(n) と C(n, d, i = 2) を組み合わせることで，図（c）の模様 3 も下記のような手続きにより生成することができる。

```
for y in range(0, 2):
    for x in range(0, 3):
        E(C(E(C(E(C(E(I(0, x*7 - 7.5, y*7 - 7, 1)),3,3)),3,3)),3,3))
        C(C(C(I(0, x*7 - 8, y*7 - 3.5, 1),3,1),3,1),3,1)
turtle.done()
```

形態ルールをさまざまに組み合わせることで，新たなパターンを生み出すこともできるので，いろいろと試していただきたい。

## 3.2　形態の表現手法

### 3.2.1　ベ ジ エ 曲 線

実世界の物体を CAD/CAM システムにおけるモデリングやシミュレーションに適した形で表現することを，数値的計算幾何学と呼ぶ。建築の分野においては，幾何学的モデリングや計算機支援幾何学デザイン（CAGD）として知られており，ベジエ曲線や**スプライン曲線，スプライン曲面**のような曲線および曲面のパラメータ表示が表現の道具となる。円筒や球形のような解析的な曲面ではない自由曲面シェルなどの形態は，パラメトリック曲面を用いてモデル化されている。その最も簡便な方法は，**ベジエ曲線，ベジエ曲面**である。

ベジエ曲線は，**バーンスタイン基底関数**と**制御多角形**により決定される。制御多角形は，**定義多角形**あるいは**制御ネット**とも呼ばれ，制御多角形の頂点は，**制御点**ともいう。ベジエ曲線は，制御点の内分点を繰り返し取ることにより得られる曲線である。例として，3 つの制御点

$$\boldsymbol{R}_0 = (0 \quad 0), \quad \boldsymbol{R}_1 = (0 \quad 1), \quad \boldsymbol{R}_2 = (1 \quad 1), \quad \boldsymbol{R}_3 = (1 \quad 0) \tag{3.3}$$

で構成されるベジエ曲線を考える（**図 3.9**）。パラメータを $t \in [0, 1]$ とし，2 点 $\boldsymbol{R}_0$ と $\boldsymbol{R}_1$ を $t : 1-t$ に内分する点を $\boldsymbol{P}_0^1(t)$ とし，2 点 $\boldsymbol{R}_1$ と $\boldsymbol{R}_2$ を $t : 1-t$ に内分する点を $\boldsymbol{P}_1^1(t)$ とし，2 点 $\boldsymbol{R}_2$ と $\boldsymbol{R}_3$ を $t : 1-t$ に内分する点を $\boldsymbol{P}_2^1(t)$ とする。

$$\boldsymbol{P}_0^1(t) = (1-t)\boldsymbol{R}_0 + t\boldsymbol{R}_1, \quad \boldsymbol{P}_1^1(t) = (1-t)\boldsymbol{R}_1 + t\boldsymbol{R}_2, \quad \boldsymbol{P}_2^1(t) = (1-t)\boldsymbol{R}_2 + t\boldsymbol{R}_3 \tag{3.4}$$

さらに，2 点 $\boldsymbol{P}_0^1(t)$ と $\boldsymbol{P}_1^1(t)$ を $t : 1-t$ に内分する点を $\boldsymbol{P}_0^2(t)$，2 点 $\boldsymbol{P}_1^1(t)$ と $\boldsymbol{P}_2^1(t)$ を $t : 1-t$ に内分する点を $\boldsymbol{P}_1^2(t)$ とする。

$$\boldsymbol{P}_0^2(t) = (1-t)\boldsymbol{P}_0^1 + t\boldsymbol{P}_1^1(t), \quad \boldsymbol{P}_1^2(t) = (1-t)\boldsymbol{P}_1^1(t) + t\boldsymbol{P}_2^1(t) \tag{3.5}$$

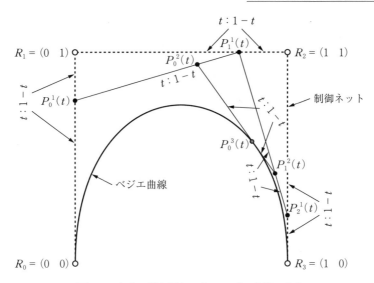

**図3.9** 内分の繰り返しによるベジエ曲線の生成

さらに，2点 $P_0^2(t)$ と $P_1^2(t)$ を $t:1-t$ に内分する点を $P_0^3(t)$ とする。

$$P_0^3(t) = (1-t)P_0^2(t) + tP_1^2(t) \tag{3.6}$$

このように内分の繰り返しにより得られた点 $P_0^3(t)$ に対して，$t$ を0から1まで変化させたときに得られる軌跡がベジエ曲線となる。式 (3.6) に式 (3.4) および式 (3.5) を代入すると，$P_0^2(t)$ は $t$ の3次式となることがわかる。

$$P_0^2(t) = (1-t)^3 R_0 + 3t(1-t)^2 R_1 + 3t^2(1-t)R_2 + t^3 R_3 \tag{3.7}$$

同様に，$n+1$ 個の制御点 $R_0, \cdots, R_n$ で構成される $n$ 次のベジエ曲線 $P_0^n$ は，つぎのように $P_0^1(t)$ から順に再帰的に求めることができる。

$$P_i^r(t) = (1-t)P_i^{r-1}(t) + tP_{i+1}^{r-1}(t) \quad \begin{matrix}(r=1,\cdots,n)\\(i=0,\cdots,n-r)\end{matrix}$$

$$\begin{matrix}
P_0^0(t)(=R_0) & & & \\
P_1^0(t)(=R_1) & P_0^1(t) & & \\
P_2^0(t)(=R_2) & P_1^1(t) & P_0^2(t) & \\
\vdots & \vdots & \vdots & \ddots \\
P_n^0(t)(=R_n) & P_{n-1}^1 & P_{n-2}^2 & \cdots & P_0^n(t)
\end{matrix} \tag{3.8}$$

このようにして $n$ 次ベジエ曲線 $P_0^n(t)$ を求める手法は，ド・カステリョのアルゴリズムと呼ばれる。なお，$P_0^n(t)$ は，$P_0^1(t)$ から順に計算をしなくても，次式によって一度の計算で求められることが知られている。

$$P_b^n(t) = P_0^n(t) = \sum_{i=0}^{n} R_i B_i^n(t) \tag{3.9}$$

$B_i^n(t)$ は $n$ 次のバーンスタイン基底関数と呼ばれ，次式で定義される。

$$B_i^n(t) = \binom{n}{i} t^i (1-t)^{n-i}, \quad (i=0,\cdots,n)$$

$$\binom{n}{i} = \begin{cases} \dfrac{n!}{i!(n-i)!} & (\text{for } 0 \leq i \leq n) \\ 0 & (\text{for } i < 0 \text{ or } i > n) \end{cases} \tag{3.10}$$

ここで，$0^0 = 0! = 1$ とする。

例えば $n=3$ のとき，$B_i^3(t)$ はつぎのようになる。

$$B_0^3(t) = (1-t)^3, \quad B_1^3(t) = 3t(1-t)^2, \quad B_2^3(t) = 3t^2(1-t), \quad B_3^3(t) = t^3 \tag{3.11}$$

式 (3.9) および式 (3.11) を式 (3.7) と比較すると，$\boldsymbol{P}_b^3 = \boldsymbol{P}_0^3$ となっていることが確認できるであろう。$n=3$ のときの基底関数を**図 3.10** に示す。

図 3.10 から明らかなように，$t=0$ では $B_0^3$ のみ 1 で他は 0 である。また，$t=1$ では $B_n^3$ のみ 1 で他は 0 である。したがって，式 (3.9) より，**図 3.11** のように $t=0, 1$ の端点はそれぞれ制御点 $\boldsymbol{R}_0$，$\boldsymbol{R}_n$ に一致することがわかる。

また，式 (3.10) から

$$\sum_{i=0}^{n} B_i^n(t) = 1 \tag{3.12}$$

が成立することを確かめることができ，曲線は定義多角形の内部に描かれる。

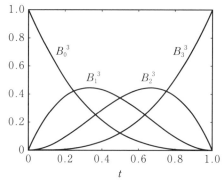
図 3.10　3 次のバーンスタイン基底関数

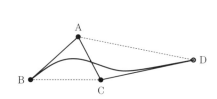
図 3.11　ベジエ曲線と定義多角形

$t$ に関する $r$ 階微分を $(\ )^{(r)}$ で表すと，$n$ 次ベジエ曲線の $r$ 階導関数は次式で計算できる。

$$\boldsymbol{P}_b^{n(r)} = \sum_{i=0}^{n} \boldsymbol{R}_i B_i^{n(r)}(t) \tag{3.13}$$

式変形の詳細は省略するが，式 (3.13) から，例えば端点での導関数に関して

$$\boldsymbol{P}_b^{n(1)}(0) = n(\boldsymbol{R}_1 - \boldsymbol{R}_0), \quad \boldsymbol{P}_b^{n(1)}(1) = n(\boldsymbol{R}_n - \boldsymbol{R}_{n-1}) \tag{3.14}$$

が成立し，始点と終点での接線ベクトルが，制御多角形の最初と最後の辺と同じ方向であることがわかる。したがって，複数のベジエ曲線を結合して曲線を描くとき，接線ベクトルの連続性は容易に実現できる。ベジエ曲線を生成して描画するプログラムをつぎに示す。ま

た，実行結果を図 3.12 に示す．

―――― プログラム 3.3 ベジエ曲線を描くプログラム：bezier_2D.py ――――

```python
import numpy as np                      # モジュール numpy を読み込み
import matplotlib.pyplot as plt         # モジュール matplotlib の pylab 関数を読み込み

def bernstein(t, n, i):                 # bernstein 基底関数の定義
    cn, ci, cni = 1.0, 1.0, 1.0
    for k in range(2, n, 1):
        cn = cn * k
    for k in range(1, i, 1):
        if i == 1:
            break
        ci = ci * k
    for k in range(1, n - i + 1, 1):
        if n == i:
            break
        cni = cni * k
    j = t**(i - 1) * (1 - t)**(n - i) * cn / (ci * cni)
    return j


def bezierplot(t, cp):                  # bezier 曲線の定義
    n = len(cp)
    r = np.zeros([len(t), 2])
    for k in range(len(t)):
        sum1, sum2 = 0.0, 0.0
        for i in range(1, n + 1, 1):
            bt = bernstein(t[k], n, i)
            sum1 += cp[i - 1, 0] * bt
            sum2 += cp[i - 1, 1] * bt
        r[k, :] = [sum1, sum2]
    return np.array(r)
cp = np.array([[0, -2], [1, -3], [2, -2], [3, 2], [4, 2], [5, 0]])
                                        # 制御点座標
t = np.arange(0, 1 + 0.01, 0.01)        # パラメータ生成
p = bezierplot(t, cp)                   # bezier 曲線生成
plt.figure()
plt.plot(p[:, 0], p[:, 1])
plt.plot(cp[:, 0], cp[:, 1], ls=':', marker='o')
plt.show()
```

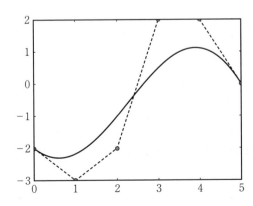

図 3.12 プログラム 3.3 の実行結果

cp=np.array() の制御点の数や座標値を変更することで，さまざまな曲線が表現できる。制御点以外に，ノットといわれる曲線の細分割のためのパラメータを用いて，局所的な制御を可能とした曲線を，Bスプライン曲線という。

### 3.2.2　非一様有理Bスプライン

ベジエ曲線やBスプライン曲線は，インタラクティブな形状モデリングに適しているが，最近は，より高精度で感覚的操作に適した定式化として，**非一様有理スプライン**（non-uniform rational B-spline, **NURBS**）が，コンピュータグラフィックスの分野で多く用いられている。

まず，4次元空間内の曲線を次式で定義する。

$$\boldsymbol{P}(t) = (P_1(t), P_2(t), P_3(t), P_4(t))^{\mathrm{T}}$$

$$= \left( \sum_{i=0}^{n} w_i R_i^x N_i^k(t) \quad \sum_{i=0}^{n} w_i R_i^y N_i^k(t) \quad \sum_{i=0}^{n} w_i R_i^z N_i^k(t) \quad \sum_{i=0}^{n} w_i N_i^k(t) \right)^{\mathrm{T}} \tag{3.15}$$

ここで，$N_i^k(t)$ は位数 $k$ の $i$ 番目のBスプライン基底関数，$\boldsymbol{R}_i = (R_i^x, R_i^y, R_i^z)^{\mathrm{T}}$ は制御点座標，$w_i$ は重み係数である。$P_1(t)$，$P_2(t)$，$P_3(t)$ を $P_4(t)$ で割ることによって，4次元空間内の曲線を3次元空間に射影すると，つぎのような非一様有理スプライン曲線の一般式が得られる。

$$\boldsymbol{P}_t^n(t) = \frac{\displaystyle\sum_{i=0}^{n} \boldsymbol{R}_i w_i N_i^k(t)}{\displaystyle\sum_{i=0}^{n} w_i N_i^k(t)} \tag{3.16}$$

$w_i$ がすべて1のときには，通常のBスプライン曲線となる。

### 3.2.3　パラメトリック曲面

曲線の積として表現されるような曲面を，テンソル積曲面あるいは直積曲面という。$u$，$v$ をパラメータとすると，$n \times m$ **テンソル積ベジエ曲面**はつぎのような形式となる。

$$S_b^{n,m}(u, v) = \sum_{i=0}^{n} \sum_{j=0}^{m} \boldsymbol{R}_{i,j} B_i^n(u) B_j^m(v) \tag{3.17}$$

ここで，$\boldsymbol{R}_{i,j}$ は制御多面体の頂点である。また，$B_i^n(u)$，$B_j^m(v)$ は，パラメータ $u$，$v$ の方向のバーンスタイン基底関数である。制御多面体は，$u$，$v$ それぞれの方向に同数の頂点をもたなければならないが，$m = n$ である必要はない。また $u$，$v$ のいずれかを一定とすると，曲面上の曲線が得られ，それらはベジエ曲線となる。したがって，境界曲線はベジエ曲線である。

$n = m = 3$ のときのテンソル積ベジエ曲面の例を，**図3.13**に示す。図において，太線は制御点を結ぶ直線である。

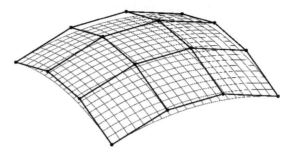

図 3.13 テンソル積ベジエ曲面

任意の次数のテンソル積ベジエ曲面を描画するプログラムは，つぎのようになる．

―――― プログラム 3.4 テンソル積ベジエ曲面を描くプログラム：bezier_3D.py ――――

```python
import numpy as np                 # モジュール numpy を読み込み
import matplotlib.pyplot as plt    # モジュール matplotlib の pylab 関数を読み込み
from mpl_toolkits.mplot3d import Axes3D # matplotlib の Axes3D を読み込み


def bernstein(t, n, i):# bernstein 基底関数の定義
    cn, ci, cni = 1.0, 1.0, 1.0
    for k in range(2, n, 1):
        cn = cn * k
    for k in range(1, i, 1):
        if i == 1:
            break
        ci = ci * k
    for k in range(1, n - i + 1, 1):
        if n == i:
            break
        cni = cni * k
    j = t**(i - 1) * (1 - t)**(n - i) * cn / (ci * cni)
    return j

def bezierplot(n,m,u,v,cp):     # bezier 曲面の定義
    xyz = np.zeros([len(u), len(v), 3])
    for k in range(len(u)):
        for l in range(len(v)):
            for i in range(n):
                bu=bernstein(u[k],n,i+1)
                for j in range(m):
                    bv=bernstein(v[l],m,j+1)
                    xyz[k,l,:]+=cp[i,j,:] * bu * bv
    return xyz

u, v = np.arange(0, 1 + 0.1, 0.1), np.arange(0, 1 + 0.1, 0.1) # パラメータ生成
n, m = 4, 3                      # u,v 各方向の制御点数
cp = np.array([
    [[-1, -1.5, -0.3], [0, -1.5, 0.4], [1, -1.5, 0.4]],
    [[-1, -0.5, -0.4], [0, -0.5, 1.2], [1, -0.5, -0.2]],
    [[-1, 0.5, 1.2], [0, 0.5, 0.6], [1, 0.5, 0.8]],
    [[-1, 1.5, 0.8], [0, 1.5, -0.5], [1, 1.5, 0.7]],
])  # 制御点生成
```

```
s = bezierplot(n, m, u, v, cp)    # bezier 曲面生成
fig = plt.figure()
ax = Axes3D(fig)
ax.set_axis_off()
ax.set_aspect('equal')
ax.set_xlim(-np.max(cp), np.max(cp))
ax.set_ylim(-np.max(cp), np.max(cp))
ax.set_zlim(-np.max(cp), np.max(cp))
ax.plot_surface(s[:, :, 0], s[:, :, 1], s[:, :, 2], rstride=1, cstride=1,
color='yellow')                   # bezier 曲面の描画
ax.plot_wireframe(cp[:, :, 0], cp[:, :, 1], cp[:, :, 2], color='red',
linestyle='dashed')               # 制御多面体描画
ax.scatter3D(cp[:, :, 0], cp[:, :, 1], cp[:, :, 2], c='green', s=25)  # 制御点
の描画
plt.show()
```

プログラムを実行すると，**図3.14**の曲面が描画される。s=bezierplot(nu,nv,uv,cp)でテンソル積ベジエ曲面を出力し，以降でmatplotlibを用いて曲面と制御多面体を描いている。nu,nv,cpをそれぞれ変更することで，さまざまな曲面を表現できる。

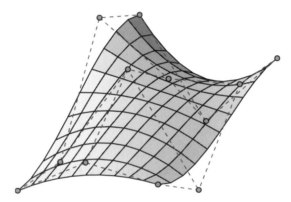

**図3.14** プログラム3.4の実行結果

ところで，例えば曲面の平面形状が扇形の場合など，上記のテンソル積の曲面では表現することが困難な曲面も存在する。そのような場合には，ベジエ三角形が有効である。例えば，3次のベジエ三角形による曲面はつぎのように定義される。

$$\boldsymbol{P}_t^3(u,v) = \sum_{\alpha=0}^{3}\sum_{\beta=0}^{\alpha} \boldsymbol{R}_{\alpha,\beta} B_{\alpha,\beta}^3(u,v), \quad (i,j=0,1,\cdots,n, \quad i+j \le n) \tag{3.18}$$

$$B_{\alpha,\beta}^3(u,v) = \frac{3!}{\alpha!\beta!(3-\alpha-\beta)!} u^\alpha v^\beta (1-u-v)^{3-\alpha-\beta} \tag{3.19}$$

ここで，$u, v$ は重心座標（面積座標）であり，$0 \le u, v \le 1$ を満たす。また，$\alpha, \beta, 3-\alpha-\beta$ のうち少なくとも1つが負のときには $B_{\alpha,\beta}^3=0$ である。3次のベジエ三角形曲面の例を**図3.15**に示す。

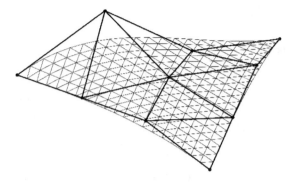

図 3.15　ベジエ三角形曲面

## 3.3　計 算 幾 何 学

### 3.3.1　計算幾何学とは

**計算幾何学**とは，図形を計算機で効率よく扱う方法を研究する学問である[4]。本節では，例として**凸包**，**ボロノイ図**を扱う。計算幾何学は数学の幾何学の一分野ではなく，幾何的な計算問題の計算複雑度を解析する理論計算機科学の一分野である[4]。数学の幾何学では無限や連続，極限といった概念が用いられているが，図形を計算機で扱うためには，すべての操作を有限の明確に定義された計算手続きの組み合わせで記述する，すなわちアルゴリズムを構築する必要がある。

ボロノイ図は古くから施設の最適配置問題や配置された施設の評価に利用されてきており[5]，建築分野においてもなじみの深い図形である。最近では Grasshopper などの建築意匠設計者も広く用いるソフトウェアに実装されていることも影響し，建築デザインにおいてもその利用がみられる[3]。ここでは，凸包，ボロノイ図といった図形を計算機で効率よく描画する方法を学ぶことにより，読者が考える建築分野への利用を目的とした図形描画の一助になることを期待する。

### 3.3.2　基本的なアルゴリズム設計技法

ある建築空間を実現する目的で建築設計を行う際，柱梁構造，壁式構造，トラス構造，吊り構造，といった基本とされる構造システムの採用をまずは検討することと同様に，ある図形を計算機で効率よく描画するためのアルゴリズムを設計する際にも，基本とされる技法を採用することを，最初に考える。アルゴリズム設計の基本的な技法には 2 章で学ぶ再帰，4 章で学ぶ貪欲法，5 章で学ぶ線形計画法といったものがある。

本節では，ボロノイ図を例に逐次構成法を学ぶ。逐次構成法は，与えられたデータの要素を 1 つずつ追加していくことで，目的の構造を得る手法であり，基本的なアルゴリズム設計

### 3.3.3 符号付き面積

三角形の 3 頂点 $p$, $q$, $r$ の座標 $(p_x, p_y)$, $(q_x, q_y)$, $(r_x, r_y)$ が与えられたとき，面積を座標から以下の式により計算すると，絶対値を取らなければ符号が負となることがある。

$$\triangle(p,q,r) = \frac{1}{2}[(q_x-p_x)(r_y-p_y) - (r_x-p_x)(q_y-p_y)] \tag{3.20}$$

この符号によって，3 点の並び方を判定することができ，図 3.16（a）のように 3 点が反時計回りに配置されていれば正，逆に図（b）のように時計回りに配置されていれば負の値となる。このように符号をもつ面積のことを**符号付き面積**と呼ぶ。

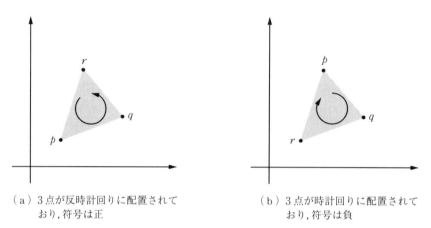

（a）3 点が反時計回りに配置されており，符号は正

（b）3 点が時計回りに配置されており，符号は負

**図 3.16** 三角形の符号付き面積

符号付き面積 $\triangle(p, q, r)$ を出力する関数はつぎのように書ける。

```
def area(p,q,r):
    return ((q[0]-p[0])*(r[1]-p[1])-(r[0]-p[0])*(q[1]-p[1]))/2.0
```

### 3.3.4 凸包の描画

ある頂点集合が与えられたとき，すべての頂点を含む最小の凸多角形は一意に定まり，その図形のことを**凸包**と呼ぶ。凸包について，以下の基本的な性質が知られている。

1) 凸包のすべての頂点は，与えられた頂点集合の点である（図 3.17（a））。
2) 凸包内部の点は，与えられた頂点集合の 3 点の組が作る三角形に含まれる（図（b））。

この性質を利用した場合，すべての 3 点の組を調べて三角形に含まれる点を除去することで，凸包内部の頂点をすべて除くことができる。その後，残った頂点について，1 つの点周りの角度順に並べ，その順に辺を結ぶことで凸包を描画することができる。しかし，すべて

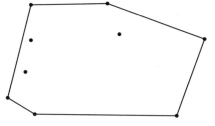
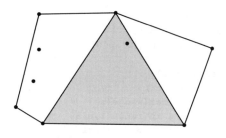

（a）凸包に含まれる点　　　　　　　（b）三角形に含まれる点

**図 3.17**　与えられた頂点集合の点

の 3 点の組について調べることは明らかに効率が悪い．

以下のアルゴリズムにより，効率よく凸包を描画することができる．このアルゴリズムは Graham の方法として知られている．

ステップ 1：$x$ 座標が最小の点 $p$ を求める．

ステップ 2：頂点集合の点を点 $p$ 周りの反時計回りの角度順に並べる（**図 3.18**（a））．

ステップ 3：凹部の頂点を削除し，残った頂点を順番に辺で結ぶ（図（b））．

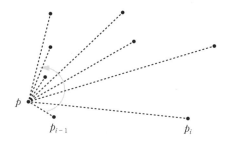
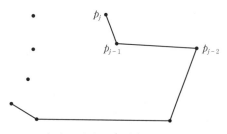

（a）点 $p$ 周りの角度順に頂点を並べ替え　　　　（b）凹部となる頂点 $p_{j-1}$ の例

**図 3.18**　Graham の方法

ここで，ステップ 2 では符号付き面積 $\triangle(p, p_{i-1}, p_i)$ を調べることで角度順に並べることができる．$\triangle(p, p_{i-1}, p_i)$ が正ならば $p_{i-1}$ との角度の方が $p_i$ との角度よりも小さいことがわかる．ステップ 3 についても符号付き面積を用いることで凹であることを判定し，凹部の頂点を削除する．すなわち，符号付き面積 $\triangle(p_{j-2}, p_{j-1}, p_j)$ が負のとき，$p_{j-1}$ を削除する．

このアルゴリズムを実装したものがプログラム 3.5 である．このプログラムを実行すると**図 3.19** が描画される．このとき，頂点を乱数で発生しているため，実行するごとに異なる結果が得られることに注意する．

```
               プログラム 3.5 凸包を描画するプログラム：convex_hull.py
import numpy as np
import matplotlib.pyplot as plt

points = np.random.rand(30, 2)
```

```
def area(p,q,r):
    return ((q[0]-p[0])*(r[1]-p[1])-(r[0]-p[0])*(q[1]-p[1]))/2.0

def scan(L):
    n = len(L)
    p = list(range(n))
    for i in range(1,n):      # x座標最小の頂点をリストの先頭とする
        if L[p[i]][0]<L[p[0]][0]:
            p[i], p[0] = p[0], p[i]
    for i in range(2,n):      # x座標最小の頂点との角度順に並べ替え
        j = i
        while j>1 and (area(L[p[0]],L[p[j-1]],L[p[j]])<0):
            p[j], p[j-1] = p[j-1], p[j]
            j -= 1
    S = [p[0],p[1]]
    for i in range(2,n):      #凹部の頂点を削除
        while area(L[S[-2]],L[S[-1]],L[p[i]])<0:
            del S[-1]
        S.append(p[i])
    return S

A = scan(points)

l = []

for i in range(len(A)):
    l.append(points[A[i]])

fig = plt.figure()
ax = fig.add_subplot(111, aspect = 'equal')
plt.plot(points[:,0], points[:,1], 'o')
poly = plt.Polygon(l,facecolor = 'none')
ax.add_patch(poly)
ax.tick_params(labelbottom = 'off', labelleft = 'off')
plt.show()
```

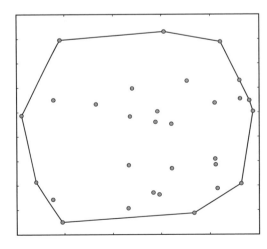

図3.19 Pythonによる凸包の描画例

### 3.3.5 ボロノイ図の定義と性質

ボロノイ図はつぎのように定義できる。ある領域内の2点 $x$, $y$ の距離を $d(x, y)$ とし，点集合 $\{p_1, p_2, \cdots, p_n\}$ が与えられたとき，つぎの式で定まる各点 $p_i$ の**ボロノイ領域** $V(p_i)$ によって平面を分割してできる図のことを**ボロノイ図**と呼ぶ。

$$V(p_i) = \{p \mid d(p_i, p) \leq d(p_j, p), i \neq j\} \tag{3.21}$$

この式は領域 $V(p_i)$ 内の点 $p$ からは他のどの点 $p_j$ よりも $p_i$ が近いことを表す。ここで $p_i$ を $V(p_i)$ の**母点**と呼び，2次元の場合，$V(p_i)$ のボロノイ領域の境界は線となり，**ボロノイ辺**と呼ぶ。2次元のボロノイ図には以下の性質がある。

1) ボロノイ辺はその両側の母点どうしを結んだ線の垂直二等分線上にある。
2) 母点が3つのとき，ボロノイ点は各母点を頂点とする三角形の外心である。

また，この他にもさまざまな性質が知られており，詳しくはボロノイ図をおもに扱った計算幾何学の教科書を参照してほしい[6]。

性質1)を利用してすべての母点の組の線分の垂直二等分線を引き，各母点についてのボロノイ領域を求めることでボロノイ図を得ることはできる。しかし，この方法では最終的にはボロノイ辺とはならない垂直二等分線を引き，他の垂直二等分線との交点をもつかどうかのチェックをする必要があり，むだが多い。そこで，効率のよい方法を考える。以下では逐次添加法による描画方法を解説する。

### 3.3.6 逐次添加法によるボロノイ図構成アルゴリズム

母点が2つのときは，**図3.20**(a)に示すように，その2点を結んだ線分の垂直二等分線を引くことでボロノイ図が求まる。母点が3つのときは，図(b)のように前項の性質2)

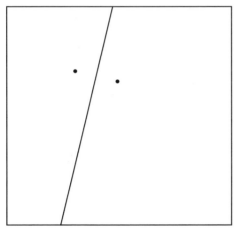
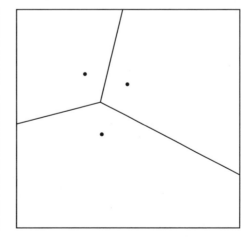

(a) 母点が2つの場合　　　(b) 母点が3つの場合

**図3.20** ボロノイ図

**62**　　3.　形　態　の　生　成

より求まる。母点が4つ以上のときは，はじめに3つの母点からなるボロノイ図を作る。つぎに，もう1つの母点を追加してできるボロノイ図を作成する。このような操作をすべての母点について行ってボロノイ図を作成する方法が，逐次添加法による作成手順である。

図3.21（a）に示すように，ボロノイ図に母点 $p_{n+1}$ を追加して新たなボロノイ図を作図する手順は以下となる。

ステップ1：添加した母点 $p_{n+1}$ を含むボロノイ領域の母点を求め，その母点を $p_1$ とする。

ステップ2：$p_1$ と $p_{n+1}$ を結ぶ線分の垂直二等分線とボロノイ領域 $V(p_1)$ のボロノイ辺との交点を求める。ここで $i=2$ とする。

ステップ3：ボロノイ辺上で交点を共有する新たな母点 $p_i$ についても，$p_{n+1}$ との垂直二等分線を引いて交点を求め，$i$ を $i+1$ に置き換える。

ステップ4：$p_i=p_1$ であればステップ5に進み，そうでない場合にはステップ3に戻る。

ステップ5：垂直二等分線で囲まれた領域内のボロノイ辺を削除する。

### 3.3.7　Python を用いたボロノイ図の描画

3.3.6項のアルゴリズムを実装することでボロノイ図を描画することができるが，線分の交点を求める必要があるため，計算誤差により正しいボロノイ図が描画されない場合がある。こういった問題に対応する手法についてもさまざまな研究が行われており[6]，あらゆる頂点集合に対してつねに正しいボロノイ図を描画するプログラムの実装は容易ではない。ここでは簡単のために Scipy のライブラリ spatial に含まれる関数を用いることでボロノイ図を描画する。

プログラム3.6を実行して得られるボロノイ図の描画例を**図3.21（b）**に示す。ここでも凸包の場合と同様に，頂点を乱数で発生しているため，実行するごとに異なる結果が得られることに注意する。

―――― プログラム3.6 ボロノイ図を描画するプログラム：voronoi.py ――――

```python
import numpy as np
from scipy.spatial import Voronoi, voronoi_plot_2d
import matplotlib.pyplot as plt


points = np.random.rand(30, 2)
vor = Voronoi(points)

fig = plt.figure()
ax = fig.add_subplot(111, aspect='equal')
ax.tick_params(labelbottom="off",labelleft="off")
voronoi_plot_2d(vor,ax=ax)
plt.show()
```

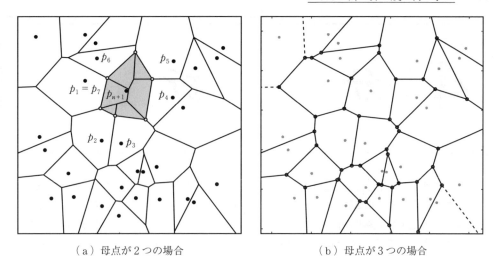

（a）母点が2つの場合　　　　　（b）母点が3つの場合

**図 3.21** Python によるボロノイ図の描画例

# 4 分 析

本章では，Pythonによる簡単なプログラム例を通じてデザインのためのさまざまな分析手法を紹介する。具体的には，グラフ・ネットワーク理論を利用した空間分析，グラフ探索による図形の列挙問題，待ち行列理論による行動シミュレーションの技法などを扱う。用いるライブラリは，`turtle`, `NetworkX`, `matoplotlib`, `Graphillion`, `SimPy`であり，フリーの3Dモデラーである`Blender`も使用する。

## 4.1 グラフ・ネットワーク

### 4.1.1 定　　義

グラフとは，構成要素（頂点：ノード）とそれらの関係性（辺：エッジ／リンク）に着目した対象のモデル化に用いられる数学的構造である。エッジに方向性があるものを有向グラフ，方向性がないものを無向グラフと呼ぶ。また，エッジの属性として距離や移動費用（コスト）などを付加したものを，重み付きグラフあるいはネットワークと呼び，区別する場合もある。

グラフには，**図4.1**に示すようにさまざまな構造が考えられる。例えば，ノードがリンクで1列につながったグラフは**経路**（path），環状につながったものは**閉路**（cycle）と呼ば

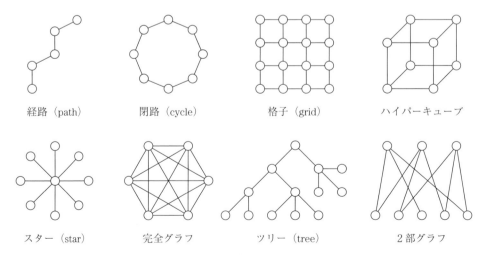

図4.1　さまざまなグラフ構造

れる。ノードが行列状につながったものが格子グラフである。また，すべてのノードが他のすべてのノードとつながっているグラフを**完全グラフ**（complete graph）と呼ぶ。

木の幹のように枝分れするのみで閉路が存在しないグラフが，**ツリー**（木，tree）である。ノードが2つのグループに分けられ，グループ内のノード間にはエッジが存在しないグラフを**2部グラフ**（bipartite graph）と呼ぶ。視点を変えると，じつはハイパーキューブやツリーも2部グラフでもあることがわかる。

デザインにおけるさまざまな問題を解決するための手がかりとして，対象を適切なグラフ構造に置き換えることは有効である。建築分野においても，道路網から，部屋のつながり，架構構造，設備配管，工程管理に至るまで，グラフ・ネットワークによる表現は活用されており，なじみ深いであろう。

グラフ $G_1$ のすべての辺と頂点がグラフ $G_2$ に含まれるとき，グラフ $G_1$ はグラフ $G_2$ の部分グラフであるという。カーナビゲーションでのルート探索は，大規模な道路網のネットワークから適切な部分グラフ（path）を切り出す作業とみなすことができるし，電気設備のトラブルによる影響範囲の同定も，配線ネットワークから部分グラフ（tree）を切り出す作業としてモデル化できる。また，グラフ $G_1$ のすべての頂点を含む部分グラフ $G_2$ が木であるとき，グラフ $G_2$ は $G_1$ の全域木という。

グラフ・ネットワークの内部的なデータ構造には，さまざまな形式が考えられるが，ネットワーク分析に際しては，一般に，対角成分は0，接続している場合は重みの値，未接続の場合は無限大とした距離行列，あるいは，接続している場合は1，未接続の場合は0とした隣接行列が用いられる。有効グラフでモデル化されたネットワークと，その距離行列を**図4.2**に示す。

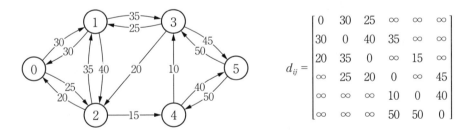

**図 4.2** ネットワークの例とその距離行列[1]

### 4.1.2 最短経路問題

ネットワーク分析の最も基本的なアルゴリズムの1つに，ノード間の最短距離・最短経路を求めるための**ダイクストラ法**（Dijkstra algorithm）がある。ダイクストラ法は，エッジの重みに負の値がない場合にのみ有効なアルゴリズムである。図4.2を事例とすれば，ダイクストラ法は，Pythonにより以下の shortestpath.py のように記述できる。

66    4. 分　　　　析

───── プログラム4.1 最短経路を求めるプログラム：shortestpath.py ─────

```python
N = 6 # ノードの数
edge_list = [(0, 1, 30),(1, 0, 30),(0, 2, 25),(2, 0, 20),(1, 2, 40),
        (2, 1, 35),(1, 3, 35),(2, 4, 15),(3, 1, 25),(3, 2, 20),
        (3, 5, 45),(4, 3, 10),(4, 5, 40),(5, 3, 50),(5, 4, 50)] # (ノード1,
ノード2, 距離)
dij = [[float('inf') for i in range(N)] for j in range(N)] # 隣接行列の作成
for i in range(N):
    dij[i][i] = 0.0
for e in edge_list:
    dij[e[0]][e[1]] = e[2]

def dijkstra(origin, dest):
    v = [float('inf') for i in range(N)]          # 各ノードまでの最短距離
    M = list(range(N))                            # 未探索ノードのリスト
    p = [None for i in range(N)]                  # 1つ前に通るべきノードのリスト

    i = origin                                    # スタート地点を現在地に設定
    v[i] = 0                                      # スタート地点から現在地までの距離は当然0
    M.remove(i)                                   # 未探索ノードのリストから現在地を削除
    while len(M) > 0:                             # 未探索ノードが空になるまで繰り返し
        for j in range(N):
            dist = v[i] + dij[i][j]               # 現在地から各移動先までの距離
            if v[j] > dist:
                v[j] = dist                       # 最短距離を更新
                p[j] = i                          # 1つ前に通るべきノードを更新
        min_v = float('inf')                      # 最小値を探す下準備
        for j in M:                               # 未探索ノードの中での距離の最小値を探す
            if min_v > v[j]:
                min_v = v[j]
                i = j                             # 移動先の候補
        M.remove(i)                               # 未探索ノードのリストから移動先を削除
                                                  # 以下, 結果の表示
    path = [dest]
    while dest != origin:
        path.insert(0, p[dest])
        dest = p[dest]
    print('dist:', v[dest], ' path:', path)

dijkstra(0, 5)                    # ノード0からノード5への最短距離と経路を計算
```

　計算は，スタート地点origin（図4.2の例では0）から順番に，隣接するノードへの距離を調べることを未調査ノードの中で最短距離が最小のノードについて繰り返し，未調査ノードのリストMが空になると終了する。vは各ノードまでの最短距離，pは1つ前に通るべきノードが保存されているリスト変数であり，逆にたどることで最短経路を知ることができる（上記の例では計算終了後にp = [None, 0, 0, 4, 2, 4] となる）。それぞれの変数が，段階を追ってどのように更新されていくかを図4.3に示す。

　多少難解かもしれないが丹念にプログラムを読み解くと，ダイクストラ法は指定したスタート地点から，残りのすべてのノードまでの最短距離・最短経路を計算することがわか

4.1 グラフ・ネットワーク

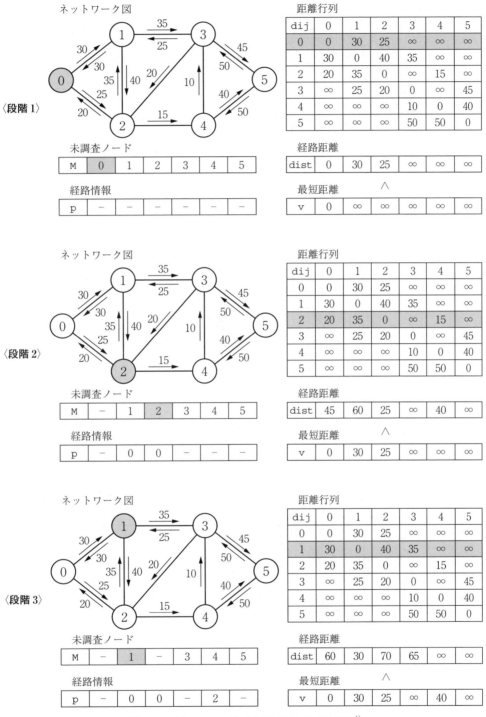

**図 4.3** ダイクストラ法で最短距離を求める過程[1]

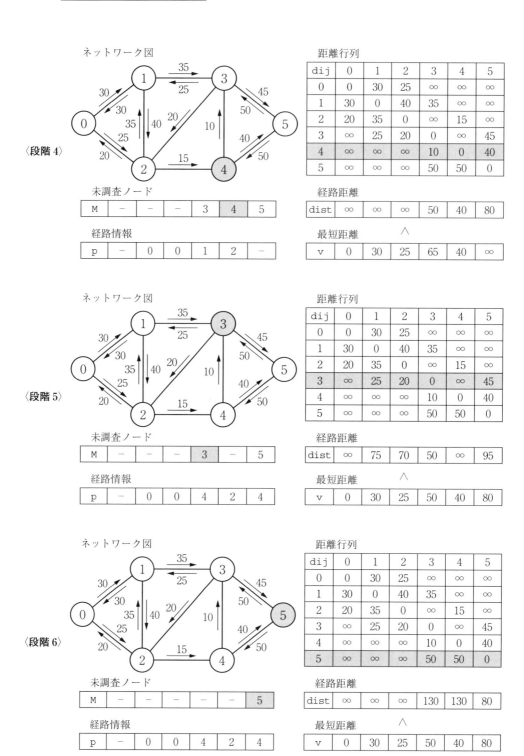

図 4.3 （つづき）

る。また，すべてのノードをスタート地点として計算を繰り返すことで，ネットワーク全体を分析することも可能である。ただし，shortestpath.py はネットワークが切断されている（経路が存在しない）場合にはうまく動作しないため，さらなる工夫が必要であろう。

一方，Python にはネットワーク分析を行うための専用のライブラリ NetworkX が開発されている。NetworkX を利用することで，上記と全く同じ計算を，以下の network.py ように簡便に実行することができる。

**プログラム 4.2 NetworkX を用いて最短経路を求めるプログラム：network.py**

```
import networkx as nx

edge_list = [(0, 1, 30),(1, 0, 30),(0, 2, 25),(2, 0, 20),(1, 2, 40),
             (2, 1, 35),(1, 3, 35),(2, 4, 15),(3, 1, 25),(3, 2, 20),
             (3, 5, 45),(4, 3, 10),(4, 5, 40),(5, 3, 50),(5, 4, 50)]

G = nx.DiGraph()
G.add_weighted_edges_from(edge_list)
print('dist:', nx.dijkstra_path_length(G, 0, 5), end='')
print(' path:', nx.dijkstra_path(G, 0, 5))
```

nx.DiGraph() で空の有向グラフを生成し，add_weighted_edges_from() でノード間の接続関係を読み込んでいる。なお，2.2.2 項で解説した図式表示を行うためのライブラリ matplotlib を利用すれば，つぎの drawgraph.py で図 4.4 のようなグラフを視覚的に表示することもできる。

**プログラム 4.3 ネットワークを図化するプログラム：drawgraph.py**

```
import matplotlib.pyplot as plt

pos = {0:(0, 1), 1:(1, 2), 2:(1, 0),3:(3, 2), 4:(3, 0), 5:(4, 1)}
plt.figure(facecolor="w")
plt.axis('off')
nx.draw_networkx(G, pos, node_size=2500, node_color='w')
plt.show()
```

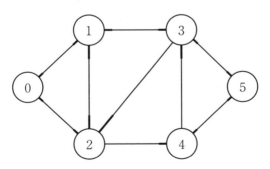

**図 4.4** matplotlib を用いた出力

このように，NetworkX にはさまざまなネットワーク分析の関数があらかじめ用意されており，一からプログラムを書かなくても高度な分析を実行することができる。

### 4.1.3 スペースシンタックス

**スペースシンタックス** (space syntax) は，1984 年に出版された B. Hillier と J. Hanson の著書「The Social Logic of Space（以下 SLS）[2]」で紹介されて以来，空間解析や環境心理のための一群の理論として，おもにアカデミズムの世界で広く研究されてきた。その基本的な考え方は，**アイソビスト**（isovist：ある地点から視覚的に見渡せる領域）を手掛かりとして屋内・屋外空間を文節化し，それらの接続関係をノードとエッジで表現し，そのグラフ構造から下記に示す式 (4.1) により計算される **RA 値**（relative asymmetry）や **Int.V 値**（integration value）を，デザイン評価の指針とする。

おもに建築空間を対象とした convex space 分析では，部屋をノード，部屋のつながりをリンクとして空間をモデル化するのに対し，おもに都市空間を対象とした axial map 分析では，通常の道路ネットワークモデルとは逆に，視線が通る範囲の街路空間をノード，交差点をリンクとして空間をモデル化するところに特徴がある。

$$TD_i = \sum_{j=1}^{k} Depth_{ij}, \qquad MD_i = \frac{TD_i}{k-1}$$

$$RA_i = \frac{2(MD_i - 1)}{k-2} \quad (0 \leq RA_i \leq 1), \qquad D_k = \frac{2\left[k\left\{\log_2\left(\frac{k+2}{3}\right)-1\right\}+1\right]}{(k-1)(k-2)} \tag{4.1}$$

$$RRA_i = \frac{RA_i}{D_k}, \qquad Int.V_i = \frac{1}{RRA_i}$$

ここで，$k$ は全ノード数，$TD_i$ はノード $i$ から他のすべてのノードへの**距離**（depth）の合計，$MD_i$ は平均距離，$RA_i$ はノード数の影響を避けるために $MD_i$ を 0 から 1 の間に正規化した値である。$MD_i$ の最大値はグラフ構造が**経路**（path）をなす場合の端のノードの値であり，最小値は**スター**（star）をなす場合の中心のノードの値となることを利用して定式化できる。

$D_k$ はダイアモンド値と呼ばれ，異なるネットワーク間で $RA_i$ を比較するために考案された全ノード数（$k$）における基準値であり，**図 4.5** に示すように，二分木（的）に構成されたネットワークの起点ノードの値を基に定義されている。

なお，$D_k$ により基準化された **RRA$_i$**（real relative asymmetry）は，値の大小が直感と逆になるため，その逆数 $Int.V_i$ を用い，1 以上または 1 以下を基準として集積に関するデザイン評価の指針としている。

SLS で紹介された Barnsbury（ロンドン北部の一地区）の例を**図 4.6** に示す。

指標計算の前提となるノード間の距離はまさに最短経路計算であり，NetworkX を利用すれば下記の axialmap1.py のように簡便に記述できる。ただしスペースシンタックスでは物理的な距離は考慮しておらず，空間のトポロジー（隣接関係）のみに着目するため，axial map 分析における距離とは最短経路上のリンク数（経路上の折れ曲り回数）であるこ

4.1 グラフ・ネットワーク　　71

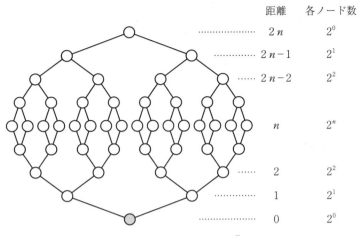

|  | 距離 | 各ノード数 |
|---|---|---|
| ………… | $2n$ | $2^0$ |
| ………… | $2n-1$ | $2^1$ |
| ………… | $2n-2$ | $2^2$ |
| | $n$ | $2^n$ |
| ………… | $2$ | $2^2$ |
| ………… | $1$ | $2^1$ |
| ………… | $0$ | $2^0$ |

**図 4.5** ダイアモンド値[2]

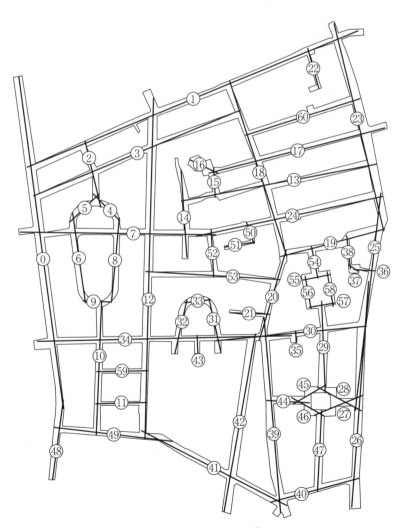

**図 4.6** Barnsbury の例[2]

72 　　4. 分　　　　　　　析

とを理解しておく必要がある。

```
─── プログラム 4.4 NetworkX を用いた axial map 分析のプログラム：axialmap1.py ───
from math import *
from functools import reduce    # functools パッケージから reduce 関数の読み込み
import networkx as nx

def AxialMapAnalysis(graph):    # 各種指標の計算
        global k, TD, MD, RA, RRA, IntV
        d = nx.all_pairs_dijkstra_path_length(graph) # ダイクストラ法の計算
        k = len(d)
        TD = {i : reduce(lambda x, y: x + y, d[i].values()) for i in d}
        MD = {i : TD[i] / (k - 1) for i in TD}
        RA = {i : 2* (MD[i] - 1) / (k - 2) for i in MD}
        Dk = 2* (k* (log((k + 2) / 3, 2) - 1) + 1) / ((k - 1)* (k - 2))
        RRA = {i : RA[i] / Dk for i in RA}
        IntV = {i : 1 / RRA[i] for i in RRA}

def AxialMapAnalysis_from_adjlist(filename):
    G = nx.read_adjlist(filename, nodetype=int)        # ファイルの読み込み
    AxialMapAnalysis(G)                                # axial map 分析の実行
    for i in IntV:                                     # 結果の出力
        print(i, round(MD[i], 3), round(RA[i], 3), round(IntV[i], 3))

AxialMapAnalysis_from_adjlist('burnsbury_adjlist.txt') # 隣接リストを指定して実行
```

ここで，burnsbury_adjlist.txt は，図 4.6 の axial map から目視により読み取った axial line（ノード）間の隣接リストであり，

```
0 1 3 7 34 48
1 0 2 12 18 22 23
2 1 3 4 5
…
59 10 12
60 18 23
```

のようなテキストファイルである。図 4.6 と比べてみればわかるように，ノード 0 はノード 1, 3, 7, 34, 48 と交差していることを意味している。all_pairs_dijkstra_path_length ですべてのノード間の最短経路計算を行っており，あとは定義に従って指標の計算を行うだけである。なお，プログラム 4.4 では計算の効率性を高めるために多数の内包表記を用いている。内包表記とは，繰り返し処理を 1 行に簡略して記述する方法で，例えば，

```
MD = {i : TD[i] / (k - 1) for i in TD}
```

は，一般的な for ループを用いて

4.1 グラフ・ネットワーク    73

```
MD = {}
for i in TD:
    MD[i] = TD[i] / (k - 1)
```

と書くのと計算結果は同じである。さらに複雑な内包表記を用いた

```
TD = {i : reduce(lambda x, y: x + y, d[i].values()) for i in d}
```

は，ループをネスティングして

```
TD = {}
for i in d:
    total = 0
    for j in d[i].values():
        total = total + j          # 要素を足し合せる。
    TD[i] = total
```

と書くのと計算結果は同じになる。

　lambda は無名関数と呼ばれるもので，2.2.3 項で紹介したように，def によらず，その場限りの簡単な関数を定義するのに便利である。また，reduce は他の関数を引数として受け取ることができる高階関数と呼ばれるものである。ここでは，lambda で定義された関数 lambda x, y: x + y を引数として受け取ることで，リストの要素を足し合わせており，total = total + j と同じことが実現されている。

　Python では，内包表記や無名関数などを上手に使えば，それぞれの指標について，このようにたった 1 行で計算することができるのに加えて，ループで繰り返し計算する通常の記述と比較して実行速度も格段に速いことが知られている。

　ところで，axialmap1.py で計算される $Int.V_i$ はグローバル値と呼ばれ，おおむねネットワークの中心部で値が高く周辺が低くなること（エッジ効果と呼ばれる）は自明であろう。このようなエッジ効果を避けるために，それぞれのノードから他の全ノードへの距離を評価対象として加算せず，距離（＝折れ曲り回数）を radius を設定することにより制限して計算される $Int.V_i$ はローカル値と呼ばれている。ローカル値にも対応するように，プログラム 4.4 をつぎの axialmap2.py のように改良してみよう。

―――――― プログラム 4.5 axialmap1.py を改良したプログラム：axialmap2.py ――――――
```
from math import *
from functools import reduce
import networkx as nx

def AxialMapAnalysis(graph, radius): # radius を指定して各種指標を計算
    global k, TD, MD, RA, RRA, IntV
    d = nx.all_pairs_dijkstra_path_length(graph)
    r = {i : list(filter(lambda n: n <= radius, d[i].values())) for i in d}
```

74    4. 分              析

```python
    k = {i : len(r[i]) for i in d}
    TD = {i : reduce(lambda x, y: x + y, r[i]) for i in d}
    MD = {i : TD[i] / (k[i]-1) for i in TD}
    RA = {i : 2 * (MD[i]-1) / (k[i]-2) for i in MD}
    Dk = {i : 2 * (k[i]*(log((k[i]+2)/3, 2)-1)+1) / ((k[i]-1)*(k[i]-2))
        for i in d}
    RRA = {i : RA[i] / Dk[i] for i in RA}
    IntV = {i : 1 / RRA[i] for i in RRA}

def AxialMapAnalysis_from_adjlist(filename, radius = float('inf')):
    G = nx.read_adjlist(filename, nodetype=int)
    AxialMapAnalysis(G, radius)
    for i in IntV:
        print(i, k[i], round(MD[i], 3), round(RA[i], 3), round(IntV[i], 3))

AxialMapAnalysis_from_adjlist('burnsbury_adjlist.txt', 3)
# radius = 3 として実行
```

radius の設定により，それぞれのノードから到達できる範囲（ノード数 $k$）が異なるので，$D_k$ の値も一定ではなくなることに注意が必要である。

なおプログラム 4.5 は，axial line の隣接関係のデータ burnsbury_adjlist.txt が所与として指標の計算のみを行っている。しかし，接続関係のデータを作成するためには，まずなんらかの方法で図 4.6 のような axial map を描く必要がある。CAD 等のデータから axial line の座標値データが取得できれば，そこから以下のような axialmap3.py によって接続関係のデータを計算すればよい。また，axial map の座標値データを用いて，matplotlib を利用して結果を視覚的に表示している。

────── プログラム 4.6 axialmap2.py を改良したプログラム：axialmap3.py ──────

```python
from math import *
from functools import reduce
import networkx as nx
import matplotlib as mpl
import matplotlib.pyplot as plt

def AxialMapAnalysis_from_axiallines(filename, index, radius = float('inf')):
    S = {}
    G = nx.Graph()
    i = 0
    for line in open(filename):                        # ファイルの読み込み
        cs = line.split(",")
        S[i] = (float(cs[0]), float(cs[1]), float(cs[2]), float(cs[3]))
        i += 1
    for i in S:                                        # 線分の交差判定
        ax = S[i][0]; ay = S[i][1]; bx = S[i][2]; by = S[i][3]
        for j in S:
            cx = S[j][0]; cy = S[j][1]; dx = S[j][2]; dy = S[j][3]
            fc = (ax - bx) * (cy - ay) + (ay - by) * (ax - cx)
            fd = (ax - bx) * (dy - ay) + (ay - by) * (ax - dx)
            if fc * fd < 0.0 :
                fa = (cx - dx) * (ay - cy) + (cy - dy) * (cx - ax)
```

4.1 グラフ・ネットワーク    75

```
                    fb = (cx - dx) * (by - cy) + (cy - dy) * (cx - bx)
                    if fa* fb < 0.0 :
                        G.add_edge(i, j)

        AxialMapAnalysis(G, radius)                 # axial map 分析の実行

        v = list(globals()[index].values())         # 表示する指標の配列を取得
        v_min = reduce(min, v); v_max = reduce(max, v)
        cmap = mpl.cm.rainbow
        norm = mpl.colors.Normalize(vmin=v_min, vmax=v_max)
        fig = plt.figure(facecolor='w')
        plt.subplots_adjust(top=1.0, bottom=0.12, left=0.0, right=1.0)
        for i in S:                                 # axial line の描画
            n = (v[i] - v_min) / (v_max - v_min)
            plt.plot([S[i][0], S[i][2]], [S[i][1], S[i][3]], color=cmap(n))
        plt.axis('equal'); plt.axis('off')
        ax = fig.add_axes([0.05, 0.1, 0.9, 0.02])
        cb = mpl.colorbar.ColorbarBase(ax, cmap=cmap, norm=norm,
                                        orientation='horizontal')
        cb.set_label(index)
        plt.show()

AxialMapAnalysis_from_axiallines('axiallines.txt', 'IntV', 3)
                                        # radius = 3 として実行し, intV を表示
```

ここで, axiallines.txt は, 下記のような axial line の始点と終点の $(x, y)$ 座標を順に並べたテキストファイルである。

```
-405.562, 426.767, -308.880, -310.041
-386.178, 225.935, 345.406, 526.859
-259.838, 281.089, -226.471, 137.060
...
-123.259, -225.735, -235.961, -227.434
348.473, 375.362, 95.993, 296.195
```

プログラム 4.6 の前半では, axiallines.txt を読み込み, 線分の交差判定を行っている。2 つの線分の交差は, それぞれの始点, 終点を A$(a_x, a_y)$, B$(b_x, b_y)$ および C$(c_x, c_y)$, D$(d_x, d_y)$ としたとき, **図 4.7** のように, 点 A, B を通る直線

$$(a_x - b_x)(y - a_y) + (a_y - b_y)(a_x - x) = 0 \tag{4.2}$$

で分割される 2 つの領域に点 C, D がそれぞれ存在し (式 (4.2) の左辺に代入した値の積が負), かつ, 点 C, D を通る直線

$$(c_x - d_x)(y - c_y) + (c_y - d_y)(c_x - x) = 0 \tag{4.3}$$

で分割される 2 つの領域に点 A, B がそれぞれ存在している (式 (4.3) の左辺に代入した値の積が負) かどうかで判定できる。

すべての線分の組み合わせ (二重ループ) で上記の条件を計算し, 交差すると判定された場合に線分 (=ノード) の間にリンクを追加していくことで axial map のグラフが構築され

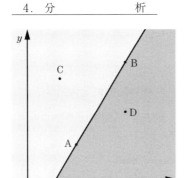 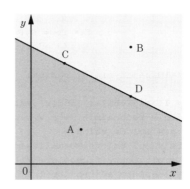

**図 4.7** 線分の交差判定

るので，それを AxialMapAnalysis 関数に引き渡せばよい．

プログラム 4.6 の後半では，axial line を IntV の値を用いて**図 4.8**（口絵参照）のように描画している．ここでは，matplotlib の関数を順番に呼び出しているだけなので，詳細については matplotlib のマニュアルを参照してほしい．

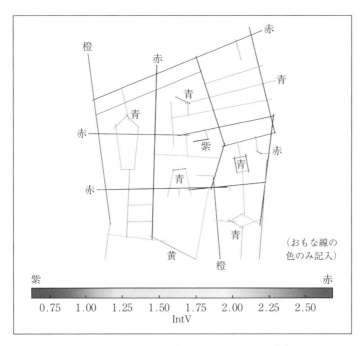

**図 4.8** matplotlib を用いた axial line の出力

なお，UCL（ユニヴァーシティ・カレッジ・ロンドン）が提供する Depthmap X などのスペースシンタックス分析ソフトを使えば，axial map を近似的な方法で自動生成したり，同様の指標計算を行うことも可能なので，合せて試していただきたい．

### 4.1.4 最近傍探索

自宅から（直線距離で）最も近いバス停はどこかなど，任意の場所から空間上に分散した複数の地点の中でいちばん近い所を探し出す手法は，最近傍探索と呼ばれる．すべての地点までの距離を計算して比較すれば，確実にいちばん近い所を見つけ出すことができることは自明であろう．

図 4.9 のように，平面上に 6 個の地点が分散している場合を考えれば，例えば (9, 6) に最も近い地点は下記の nearest_linear.py を用いて求められる．

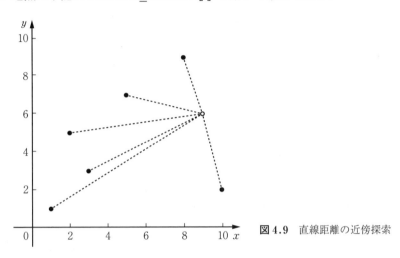

図 4.9 直線距離の近傍探索

―――― プログラム 4.7 直線距離を求めるプログラム：nearest_linear.py ――――

```
from math import sqrt

def sq_dist(p, q):         # 2点間の平方距離（直線距離の2乗）を計算する関数を定義
    return((p[0] - q[0])**2 + (p[1] - q[1])**2)

def linear_search(points, query):   # 線形近傍探索をする関数を定義
    sqd = float("inf")              # とりあえず平方距離の最小値を無限大とする
    for point in points:
        d = sq_dist(point, query)   # 平方距離の計算
        if d < sqd:                 # もし計算結果がより近ければ
            nearest = point         # 最近傍の地点を書き換え
            sqd = d                 # 平方距離の最小値の更新
    return(nearest, sqd)

point_list = [(2, 5), (5, 7), (10, 2), (3, 3), (8, 9), (1, 1)]
n = linear_search(point_list, (9, 6)))
print('nearest:', n[0], 'dist:', sqrt(n[1]))
```

なお，本来であれば直線距離を比較することが求められているが，直線距離と平方距離（直線距離の 2 乗）の大小関係は同じなので，むだな計算は避け平方距離で比較している．

一方，人間であれば，すべての地点までを調べていては時間が掛かりすぎるので，最初から近そうな地点の候補を直感的に絞り込むであろう．コンピュータでも，このような総当り

による探索は地点の数が多くなると探索効率が低下するため，現実的には使い物にならないことも多い。

高速に検索を行う方法として考案されたのが，空間を再帰的に二分割して構造化する **kd-tree**（k-dimension tree）というグラフである。具体的には，**図 4.10**（a）のような 2 次元空間であれば，まず，$x$ 軸に着目して，左右の地点数がおおむね二等分される点（5, 7）で空間を二分割する。つぎに，分割されたそれぞれの空間について $y$ 軸に着目し，上下の地点数がおおむね二分割される点（3, 3）と（8, 9）とで空間を二分割する。これを交互に繰り返すと，二次元空間は図（a）のような 7 つの空間に分割され，分割の過程を図（b）のようなツリー状のグラフとして構造化することができる。

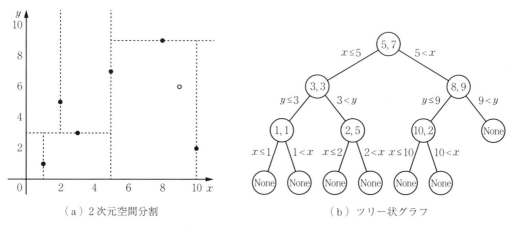

（a）2 次元空間分割　　　　　（b）ツリー状グラフ

図 4.10　kd-tree による構造化

このプロセスを Python で記述すると，つぎの `nearest_kdtree1.py` のような再帰関数になる。

```
―― プログラム 4.8 頂点群を kd-tree に変換するプログラム：nearest_kdtree1.py ――
def kdtree(points, axis):                        # axis（0: x軸、1: y軸）
    if not points:
        return None

    median = len(points) // 2                    # ノード数の半分の値
    points.sort(key=itemgetter(axis))            # 軸について並べ替え
    axis = (axis + 1) % 2                        # 軸の入れ替え

    return [points[median],                      # 分割のノード
        kdtree(points[0:median], axis),          # 左側の枝について再帰呼出し
        kdtree(points[median+1:], axis)]         # 右側の枝について再帰呼出し

from operator import itemgetter
point_list = [(2, 5), (5, 7), (10, 2), (3, 3), (8, 9), (1, 1)]
tree = kdtree(point_list, 0)
print(tree)
```

4.1　グラフ・ネットワーク　　79

ここで，tree の中身は，

```
[(5, 7), [(3, 3), [(1, 1), None, None], [(2, 5), None, None]], [(8, 9),
[(10, 2), None, None], None]]
```

となり，ツリー状のグラフの内部的なデータ構造は，入れ子のリストとして表現されることがわかる。

　任意の場所から最も近い地点を探索するには，まず kd-tree のルート（5, 7）からその場所が左右あるいは上下どちらの空間（クラスタ）に含まれるかで木構造を末端まで下り，どの空間ノード（None）に属しているかを見極める。つぎに，その空間を分割している上位のノードを最近隣の候補として暫定の最短（平方）距離を計算し，順次そのクラスタの上位のノードの分割線までの（平方）距離とを大小比較をしながら木を遡っていく。分割線までの（平方）距離が暫定の最短距離より長ければ，反対側のクラスタに最近隣候補はないので，調べる必要はない。

　図 4.10 の例では，グラフの左半分は調べる必要がないことになる。すなわち，kd-tree を利用することで，人間と同様に，探索範囲を効率的に絞り込むことができる。

　このような操作は，再帰関数を用いて，以下のような nearest_kdtree2.py で記述できる。

プログラム 4.9 kd-tree で最短距離を求めるプログラム：nearest_kdtree2.py

```
def nnsearch(node, query, max_sqd, axis):
    if node is None:
        return(node, float('inf'))          # 末端の空間ノードなら無限大を返す
    point = node[0]
    if query[axis] < point[axis]:
                                # query ノードが kd-tree の左右どちらの枝にあるか判定
        nearer = node[1]; further = node[2]
    else:
        nearer = node[2]; further = node[1]

    n1 = nnsearch(nearer, query, max_sqd, (axis + 1) % 2)
                                        # 軸を入れ替えて再帰呼出し
    nearest = n1[0]; sqd = n1[1]         # 最近隣ノード候補と暫定の最短平方距離
    if sqd < max_sqd:
        max_sqd = sqd
    d = (point[axis] - query[axis])** 2  # 分割線までの平方距離
    if d > max_sqd:
        return(nearest, sqd)              # 反対側のクラスタに最近隣候補はない場合
    d = (point[0] - query[0])**2 + (point[1] - query[1])**2
    if d < sqd:
        nearest = point; sqd = d; max_sqd = sqd

    n2 = nnsearch(further, query, max_sqd, (axis + 1) % 2)
                                    # 軸を入れ替えて再帰呼出し
    if n2[1] < sqd:
        nearest = n2[0]; sqd = n2[1]
```

80    4. 分    析

```
    return(nearest, sqd)

from math import sqrt
n = nnsearch(tree, (9, 6), float('inf'), 0)
print('nearest:', n[0], 'dist:', sqrt(n[1]))
```

ここで，nnsearch 関数の引数を確認すると，node はその時点で探索しているノード，query は自身がいる場所（座標），max_sqd は最近傍候補ノードまでの平方距離，axis は調べている軸の方向である。再帰関数は一見しただけでは理解が困難であるが，ダイクストラ法の解説（図 4.3）のように，変数の値がどのように変化していくのかを 1 つずつ追っていくと，アルゴリズムの妙が理解できるであろう。

なお，kd-tree は，その名のとおり 2 次元だけでなく 3 次元以上でも利用できる。

## 4.2 列　　　　　挙

### 4.2.1　列挙問題とは

与えられた条件を満たす解を重複なしにすべて求める問題のことを，**列挙問題**と呼ぶ。1 章で説明したような意味でのデザインの経験がある人は，さまざまな案を作成し，比較することにより，最終案を決定したという経験があるだろう。何かをデザインする場合には，最低限守らなければならない条件を定めることはできても，明確な評価基準を定めることは難しいことがあり，デザインの過程をすべて最適化問題を解く過程に置き換えることは困難な場合もある。したがって，条件を満たしたさまざまな案を作成してみて，設計者が総合的に判断するという手続きが必要になる。

そこで，さまざまな案を作成することを列挙問題として捉えて，解を重複することなくすべて列挙し，その中から人が選択するという手順をとれば，よりよいデザインができるかもしれない。列挙問題に関しては，情報科学分野において日本を中心に研究されており[3]，最先端のアルゴリズムを Python を用いて利用することができる。

本節では，多面体を展開するために切り開く必要のある辺の組み合わせを列挙するプログラムと，部屋の間仕切りのレイアウトを列挙するプログラムを紹介する。それぞれグラフの列挙問題として扱うことで解くことができる。グラフの用語については，4.1.1 項を参照すること。また，本節では Blender と Graphillion というライブラリを利用する。

### 4.2.2　多面体の展開のグラフ問題への対応付け

多面体の頂点と辺の接続関係をグラフとしてみなし，そのグラフを展開図の列挙問題の入力とする。この入力の全域木を列挙することにより，展開図を列挙することができる[3]。

全域木を列挙する手法として，基本的な方法であるバックトラック法を用いる。バックト

ラック法とは，空集合から要素を1つずつ追加していき，条件を満たさないときには，戻る（バックトラックする）という探索を用いた列挙手法である．全域木を列挙する場合には，グラフの辺と頂点にラベル（番号）を付け，空のリストからはじめて，辺の番号の小さいものから順にリストに追加していく．以下では，**図4.11**のように頂点と辺をラベル付けした立方体を例に，全域木の作成方法について説明する．

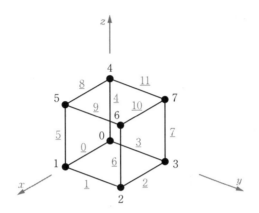

**図4.11** 立方体の頂点と辺のラベル

全域木の生成過程の例を**図4.12**に示す．各ステップで加える辺は，すでに選択された辺のリストの中の最大の番号より大きいもののみとし，辺を付け加えた場合に閉路となる場合には引き返す．ここで，閉路の判定のために，部分グラフの連結成分の情報を記憶しておくリスト comp を各頂点に用意しておく．頂点 $v, w$ が部分グラフの同じ連結成分に含まれている場合，comp[$v$] = comp[$w$] とする．

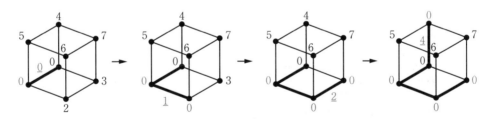

**図4.12** 立方体の全域木の生成過程

番号の小さい順に辺を追加していき，辺に接続した頂点の番号を0にする．図4.12の例では辺0，1，2の順に追加し，辺3は両端点が同じ連結成分に含まれているため追加せず，つぎに番号が小さい辺4を追加する．

つぎのプログラム4.10は，一般の多面体の全域木を列挙するコードである．1つの例として立方体のグラフを入力とし，結果の描画には Blender を使用している（詳細は2.5節参照）．

82　　4. 分　　　　　析

────── プログラム 4.10 多面体の全域木を列挙するプログラム：spanning_tree.py ──────

```python
import copy
import math
import bpy

def make_path(c,e):      # 辺 e をパス c に追加
    c.append(e)

def search(a,e,i,m,comp,c,n):      # 追加する辺の探索
    if len(e)==n-1:# 全域木の辺の数は (頂点数)-1 なので辺の数が n-1 となれば出力する
        b=copy.deepcopy(e)
        make_path(c,b)
    for j in range(i,m):
        a_0=a[j][0]#head
        a_1=a[j][1]#tail
        if comp[a_0]!=comp[a_1]:      # バックトラック法により全域木を探索
            comp2=copy.deepcopy(comp)
            e.append(j)
            t=min(comp[a_0],comp[a_1])      # 連結成分番号の最小値
            s=max(comp[a_0],comp[a_1])      # 連結成分番号の最大値
            for k in range(len(comp)):      # 最大値を最小値で置き換える
                if comp[k]==s:
                    comp[k]=t
            search(a,e,j+1,m,comp,c,n)
            comp=comp2
            e.pop()

def make_edges(c,a,d,n):      # 描画のための辺データの作成
    for i in range(len(c)):
        f=[]
        for j in range(n-1):
            f.append(a[c[i][j]])
        d.append(f)

def make_verts(verts_n,n,k):      # 描画のための頂点データの作成
    p=k//10+1
    for l in range(9):
        verts_i=copy.deepcopy(verts_n[-1])
        for i in range(n):
            verts_i[i][0]+=15
        verts_n.append(verts_i)
    verts_m=copy.deepcopy(verts_n)
    verts_m_0=copy.deepcopy(verts_m)
    for j in range(p):
        for q in range(10):
            for i in range(n):
                verts_m_0[q][i][1]+=15*(j+1)
        for i in range(10):
            verts_n.append(verts_m_0[i])
        verts_m_0=copy.deepcopy(verts_m)

def cylinder(o_0, o_1):      # 描画のための円柱の定義

    x_0 = o_0[0]      #座標の設定
    y_0 = o_0[1]
```

4.2 列　　　挙　　83

```python
        z_0 = o_0[2]
        x_1 = o_1[0]
        y_1 = o_1[1]
        z_1 = o_1[2]

        x_c = x_0 + ((x_1-x_0)/2)      # 円柱の中心の点を設定
        y_c = y_0 + ((y_1-y_0)/2)
        z_c = z_0 + ((z_1-z_0)/2)

        x_t = x_1-x_c
        y_t = y_1-y_c
        z_t = z_1-z_c

        r = math.sqrt( (x_t*x_t) + (y_t*y_t) + (z_t*z_t) )
        theta = math.acos( z_t/r )
        phi = math.atan2( (y_t), (x_t) )

        bpy.ops.mesh.primitive_cylinder_add(location = (x_c, y_c, z_c),
            depth = r*2,radius = 0.2,rotation = (0, theta, phi))

#################################################
# 立方体の頂点座標と辺・頂点の接続関係
verts=[[0,0,0], [10,0,0], [10,10,0], [0,10,0],
[0,0,10], [10,0,10], [10,10,10], [0,10,10]]

a = [(0,1),(1,2),(2,3),(0,3),
(0,4),(1,5),(2,6),(3,7),
(4,5),(5,6),(6,7),(4,7)]

#################################################

n=len(verts)     # 頂点の数
m=len(a)      # 辺の数

comp=[i for i in range(n)]

e=[]      # 変数の初期化
c=[]
d=[]

search(a,e,0,m,comp,c,n)      # 全域木の探索

# 結果の描画
make_edges(c,a,d,n)
verts_n=[verts]
k=len(c)
make_verts(verts_n,n,k)
for j in range(k):
    e=d[j]
    for i in range(n-1):
        cylinder(verts_n[j][e[i][0]],verts_n[j][e[i][1]])
```

プログラム 4.10 の実行例を図 4.13 に示す。

84    4. 分析

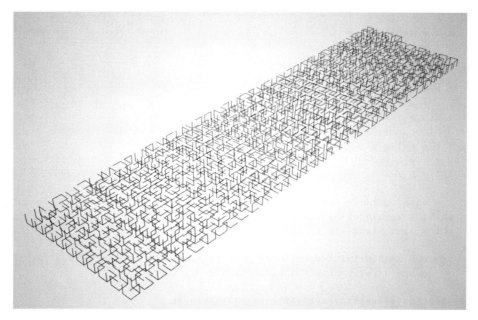

図 4.13  プログラム 4.10 の実行例

### 4.2.3 アクセスグラフの全域木

つぎに，もう少し建築的な内容を扱ってみよう．部屋をグラフの頂点とし，2 つの部屋が直接アクセス可能であるときに辺を追加してできるグラフのことを**アクセスグラフ**と呼ぶ．四角が敷き詰められた形のグラフを**格子グラフ**と呼び，縦 $n$ 個，横 $m$ 個あるときには $n \times m$ 格子グラフと呼ぶ．

簡単な例として，アクセスグラフが**図 4.14**（a）に示すような 2×2 格子グラフである場合を考える．頂点 $v_1$, $v_3$, $v_7$, $v_8$, $v_9$ をそれぞれ玄関，トイレ，脱衣所，風呂，浴室として，図（b）のような隣接関係を想定する．ここで，太線は必ず動線ありとする（壁がない）場所を表し，破線は動線がない（壁を設ける）場所とする．壁なしとした場所の間仕切りは除き，ありとした場所は太くした間仕切りの例を図（c）に示す．

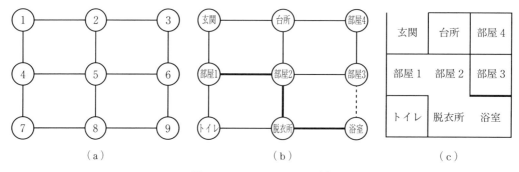

図 4.14  アクセスグラフの例

図4.14の部屋配置の例で，各部屋が少なくとも1つの部屋からアクセスできればよいとして，アクセスグラフの全域木を考える。ここで，以下の条件を満たす全域木のみを取り出してみる。

1) 浴室には必ず脱衣所を通過してからアクセスすることを想定し，辺 ($v_5$, $v_8$) を使用し，辺 ($v_6$, $v_9$) は使用しない。
2) すべての部屋がトイレと玄関以外からアクセス可能とするため，辺 ($v_4$, $v_5$) も使用する。

**ZDD**（zero-suppressed binary decision diagram，ゼロサプレス型二分決定グラフ）というデータ構造を用いることで，全域木などの組み合わせ集合を圧縮した情報で表し，さらに条件を満たすグラフの集合を取り出すことができる。このZDDを構築する手法をフロンティア法と呼び，Graphillion には実装されている。詳しくは文献3) を参照してほしい。

Graphillion は以下のサイトに従い，インストールできる。

https://github.com/takemaru/graphillion/wiki

Windows の場合には，Visual C++ 2015 Build Tools を，Mac の場合には Xcode を別途インストールしておく必要がある。その後，pip install graphillion を実行することで，Graphillion をインストールすることができる。

新たに Graphillion を用いて全域木を求めてみよう。以下のプログラム 4.11 を用いて上記の条件を満たす全域木を求め，結果を**図 4.15** に示す。

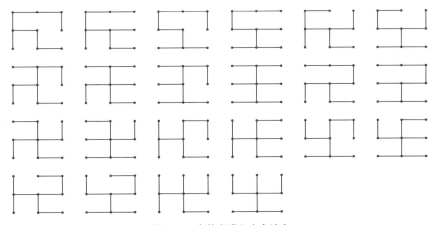

図 4.15　条件を満たす全域木

---

**プログラム 4.11** Graphillion を用いて全域木を列挙するプログラム：graphillion_tree.py

```
from graphillion import GraphSet       # graphillion のクラス GraphSet をインポート
import graphillion.tutorial as tl      # graphillion のモジュール tutorial を tl と
                                       #   いう名前でインポート

universe = tl.grid(2, 2)               # 2x2 のグリッドを生成
GraphSet.set_universe(universe)
```

```
# 必ず存在する辺と必ず存在しない辺を定義
lines = GraphSet({'include': [(8, 9), (5, 8), (4, 5)], 'exclude': [(6, 9)]})
# 全域木を生成
trees = GraphSet.trees(is_spanning=True)
common = trees & lines
# 結果の描画
for path in common:
    tl.draw(path)
```

また，**図 4.16** に図 4.15 に対応する間仕切りを示す。

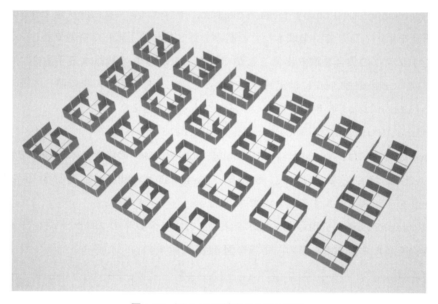

**図 4.16** 図 4.15 に対応する間仕切り

## 4.3 待ち行列シミュレーション

### 4.3.1 建築における行動シミュレーションと待ち行列

建築に関係する行動シミュレーションは，

- 避難行動や混雑時の人の行動を扱う群衆流動シミュレーション
- 施設やサービスを使用する人の「待ち」の特性を予測する待ち行列シミュレーション
- 談合問題などに現れるような意思決定シミュレーション

などがあげられ，多岐にわたっている。その中でも本節では**待ち行列シミュレーション**に焦点を絞って，Python でのプログラミングを交えながら解説する。なぜ待ち行列を扱うかというと，それが建築計画における規模算定の基礎的な手法であるとともに，時系列で変化する状態を扱うシミュレーションの基礎を学び，他への発展ができるようになることを狙うためである。

人がサービスや施設を使用するとき，そのサービス・施設が満員であると**行列**（queue）に並んで待つことになる。**待ち行列理論**（queueing theory）では，利用者が到着し，行列に並び，サービス・施設を利用し，退去するまでに発生した待ち人数や待ち時間を解析する。

建築に関わる例としては，トイレの器具数や公衆浴場の規模，スキー場のリフトの本数や速度，駅の改札や美術館の受付窓口の数をあげることができる。例えばトイレを計画するとき，個室を1つしか設置しない場合，数人が同時に使用したいときは，後ろに並んだ人は待つ必要がある。だからといって待つ必要がないように人数分の個室を用意するのでは，設置や保守にコストがかかる。

また，人の到着のしかたを思い浮かべると，高速道路のサービスエリアや鉄道駅の公衆便所では定常的に利用者が訪れるのに対して，劇場では上演前後に一挙に利用者が殺到する。読者も利用者として行列に並んだ経験や，管理者として設備の故障に頭を悩ませ，もしくはむだに多い設備を清掃する大変さを経験されたこともあるだろう。

これらの施設で必要な設備の数，規模を算定し計画するには，「$m$人につき1つ」という単純な決め方より詳しい方法が必要であるといえる。

この待ち行列を実際にコンピュータの力を借りてシミュレーションすることによって，挙動を体感するとともに待ち行列理論を身につけていこう。

### 4.3.2 $\alpha$法と$\beta$法—建築計画における規模算定に用いられる待ち行列理論

建築計画学の大家である吉武泰水博士らが1950年代に考案した施設規模を算定する方法に，$\alpha$法や$\beta$法というものがある。待ち行列とは元来電話回線を解析するために適用されたことに始まるが，それを援用して施設の規模を計画する方法を開発したものである。

$\alpha$法，$\beta$法はそれぞれ，器具・施設の数$n$を以下のように決定する方法である。

$\alpha$　法　　使用者の超過数の割合をある限度$\alpha$以下にとどめるように$n$を決める方法

$\beta$　法　　使用者の超過によって生じた待ち時間に対して，

$$\frac{\text{待ち時間の全使用者に対する平均値}}{\text{平均使用時間}} \leq \beta \quad \text{となるように}n\text{を決める方法}$$

ここで，施設規模を算定するときに考えられる指標として，

充足度　　使用者側の要請をどの程度充足し得るか

利用率　　施設の所有者あるいは経営者の側から見て，その施設がどの程度有効に利用されるか

という2つの対立的な尺度を考えることができるが，$\alpha$法と$\beta$法は，使用者の充足度に関わるあふれ度を限界値以下とするように$n$を定めて規模を決定していく，という方法である。

$\alpha$ は待ち人数，$\beta$ は待ち時間に関わる指標である。

吉武博士らの研究では，便器・手洗い器の個数をはじめ，エレベーターの台数，入浴施設（銭湯）の規模について実態調査を行い，来訪者の来かたを分類しながら（例えば事務所と学校では，休み時間の有無があるので違うモデルを考える必要がある）算定方法を定めている。従来の使用者 $m$ 人に対して1つといったような大雑把な決め方と比べれば，より正確に予測可能な方法である。

$\alpha$ 法，$\beta$ 法のような算定方法を用いて作業するときは，人の来かたの確率分布のモデルを決定し，適切な評価指標を選択して計算していく。そこでシミュレーションを合せて用いることで，変数を調整しながら，人の往来やあふれ人数，使用率といった指標を可視化できる。

### 4.3.3　進め方─シンプルなモデルからはじめよう

本節での進め方を解説する。前提として，建築における身近な具体例を扱うため，トイレ（衛生器具）における待ち行列を念頭におく。はじめに，シンプルなモデル（1人がトイレを利用する）からスタートして，より複雑なモデル（複数人が複数個数のトイレを利用する）を解析することを目指す。都度，待ち行列の概念や理論・公式（性能評価の方法，ケンドール記号，さまざまな確率の概念）を導入する。また，シミュレーションの方法として，

1）逐次時間を進めながら行動をシミュレーションしていくもの：time-driven

2）事象，イベントごとにシミュレーションしていくもの：event-driven

の2つの方法を考えることができるが，これもより簡単な方法である1）からはじめて，違う角度から2）を実装するという順番で進めたい。

2）の方法は，行列は先頭の人が進むまで動かないので，"先頭の人が進む" というイベントに着目してシミュレーションすることによってむだを省くような方法である。ここではイメージできないかもしれないが，シミュレーションを進めながら理解されたい。また，それに伴って，Python のコーディングに必要な手法・ライブラリ（クラス，ジェネレーター，SimPy）を解説していく。

### 4.3.4　人が行動するプログラムの骨格

まずはつぎのコードを見てみよう。ここでは**人間**（person）のクラスを作成して，**シミュレーション**（simulation）という関数内で実行する。

**sim01_simple.py**

```
class Person:

    def __init__(self, name): # クラスが呼び出されたときに発動（initialize）。
        # __init__ は Python で最初から定義されている。
```

4.3 待ち行列シミュレーション  89

```
        self.name = name        # 自分の名前

    def behave(self): # 1ステップで行う，一連の行動。
        # 自分の名前をprintする%sのところにself.nameを代入している。
        print('My name is %s' % self.name)


def simulation():
    ### シミュレーション準備 ###
    person = Person('Yasuda') # 人を設定
    time = -1
    ### シミュレーション開始 ###
    while time < 3: # 時間が3以上のときにFalseとなってループが終了する。
        time += 1
        print('time:%d' % time)
        person.behave()# メソッドbehaveを実行する
    else: # whileループの条件式がFalseを返したとき（whileループ終了時）に発動
        print('time:%d, finished' % time)

if __name__ == '__main__': # このスクリプト自体が実行されたときにのみ以下を実行
    simulation()
```

これを実行すると，

```
time:0
My name is Yasuda
time:1
My name is Yasuda
time:2
My name is Yasuda
time:3
My name is Yasuda
time:3, finished
```

この結果のように，time:3まで逐次時間ごとに，すなわちtime-driven方式でシミュレーションが実行される。時間ステップごとに「My name is Yasuda」と発言する。ここでは，Pythonプログラミングにおいて有用かつ重要な概念であるクラス（class）を使用している。簡単なクラスは2.4節で解説している。

Personクラスを少し詳しく説明すると，class Person:から始まるステートメントの中で，Personクラスの中で行動をメソッド属性（単にメソッド（method）と呼ぶ）として定義している。メソッドはクラスに属する関数であり，「クラス.メソッド（引数）」（ここではperson.behave()）という形式で実行できる。また関数ではなく変数としてデータ属性を定義することもでき，「クラス.データ属性」という形式で参照できる。ここではperson.nameのようにして，名前をデータ属性として定義している。

class節に続くsimulation関数では，シミュレーションの準備と実行を分けて記述する。設定では"Yasuda"という名前のpersonを1人生成し，時刻を設定する。実行部分

では，ループごとに時刻をカウントアップしていく方法で，時刻の変数 time が 3 以上になってループの先頭に戻ったときに while ループが止まるようになっている。time の単位は 1 秒でも 1 分でも 0.1 秒でも適切な粒度で想定すればよい。最後の if \_\_name\_\_ == '\_\_main\_\_': 以下で simulation 関数を実行する。

### 4.3.5　1人が1つのトイレを利用する

**（1）行動を分解してモデル化する**　　まずは「1人の人間が1つのトイレを利用すること」をシミュレーションするプログラムを書く。先ほど1人の人間が行動する骨格は提示したので，1つのトイレを利用するという行動を分解して考えてみよう。

（a）トイレに到着する

（b）トイレを利用する＝用を足す

（c）トイレから退出する

このように分けて考えられる。

**（a）到　　着**　　シミュレーションを始めてから，いつ人がトイレに到着するだろうか。それを考えるために，まずは1時間当たり何回トイレに人が来るか考えよう。例えば1時間平均5人来るとする。1時間に7人のときも3人のときもあるだろう。12人来ることもたまにあるだろうが，$-2$人のことはありえない。このように単位時間当たり平均$\lambda$回起こるイベントが単位時間に$k$回起こる確率の分布の1つに**ポアソン分布**（Poisson distribution）というものがある。その関数（確率質量関数という）$P_{\text{poi}}$は以下のように表せる。

$$P_{\text{poi}}(k) = \frac{\lambda^k e^{-\lambda}}{k!} \qquad ただし e はネイピア数 （e = 2.718\cdots） \tag{4.4}$$

例えば1時間当たり平均$\lambda = 5$人到着するとき，ちょうど$k = 5$人到着する確率は$P_{\text{poi}}(5) = 0.1754\cdots \approx 17.5\%$となる。同様に1分当たり$\lambda = 5/60$人のとき，この1分の間で1人登場する確率は$P_{\text{poi}}(1) = 0.0766\cdots \approx 7.7\%$である。

ポアソン分布の確率質量関数は scipy.stats から扱うことができる。

```
>>> import scipy.stats as sps
>>> k, lam = 5.0, 5.0
>>> sps.poisson.pmf(k, mu=lam)     # pmf: probability mass function
0.17546736976785068
>>> k, lam = 1.0, 5.0/60
>>> sps.poisson.pmf(k, mu=lam)
0.076670367885776927
```

また，1時間に平均5人が来るとき，きっかり1/5時間＝12分おきに人が出現するわけではなく，実際はランダムである。このとき，前の人が来てからつぎの人が来るまでぴった

り 12.000…秒ということはないが，12分以下で来ることがどの程度かは観測できる。

このように，発生間隔が $t$ 以下の確率の分布を表す関数を一般的に累積分布関数という。発生間隔の分布の 1 つに**指数分布**（exponential distribution）というものがあり，単位時間当たり平均 $\lambda$ 回起こるとして，この累積分布関数は

$$
\begin{aligned}
P_{\exp}(t) &= 1 - e^{-\lambda t} \quad (t \geq 0) \\
&= \int_0^t \lambda e^{-\lambda x} dx \\
&= \int_0^t p_{\exp}(x) dx
\end{aligned}
\tag{4.5}
$$

のように表せる。このときの累積分布関数 $P(t)$ の導関数 $p(t)$ を確率密度関数という。指数分布の期待値は $1/\lambda$ である。

発生間隔が 11 分から 13 分になる確率を求めてみよう。1 時間当たり 5 人のとき，1 分当たり平均 $\lambda = 5/60$ 人が来るとして

$$
\begin{aligned}
\int_{11}^{13} p_{\exp}(t) dt &= \left[ P_{\exp}(t) \right]_{11}^{13} \\
&= P_{\exp}(13) - P_{\exp}(11) \\
&= 0.6615\cdots - 0.6001\cdots \\
&= 0.06138\cdots \approx 6.1\%
\end{aligned}
\tag{4.6}
$$

```
>>> lam = 5.0/60
>>> a = sps.expon.cdf(11, scale=1./lam) # cdf: cumulative distribution
function
>>> b = sps.expon.cdf(13, scale=1./lam)
>>> b - a
0.061384229238105048
```

となる。確率分布に関する詳しい説明は各自調べていただきたい。

ではシミュレーションに戻ろう。いつトイレに到着するかを設定したい。前にいつトイレに行ったか知らずに，いまからつぎにトイレに行くまでの時間を計測すると，その時間の分布が指数分布であったとする。1 単位時間を 1 分であるとして，観測開始から平均 12 分でトイレに行ったとすると，期待値について $1/\lambda = 12$ より $\lambda = 1/12$ なので，シミュレーション開始から到着までの時間は，scipy もしくは numpy を用いて以下のようにランダムに生成できる。

```
>>> lam = 1.0/12
>>> import numpy as np
>>> np.random.exponential(scale=1.0/lam)
19.071896871429566
>>> import scipy.stats as sps
```

```
>>> sps.expon.rvs(scale=1.0/lam)
8.1128432284991852
```

（b）**利用時間**　トイレを利用する，用を足すのにかかる時間を考える。平均で50秒だとしよう。この時間分布は指数分布にはなってはいないようである。なぜならば，指数分布だと0分のときの頻度が最も高くなるが，実際は0分のことはないからである。かといって1分で一定ということもなく，0〜100秒で一様にランダムな分布（一様分布）でもない。

アーラン分布という確率密度関数が定義されているので，これを利用して表現してみよう。1単位時間を10秒であると想定し，numpy.randomで用意されている関数で期待値が5単位になるようにそれぞれ10 000回試行する。各種分布から出力した値のヒストグラムを図4.17に示す。

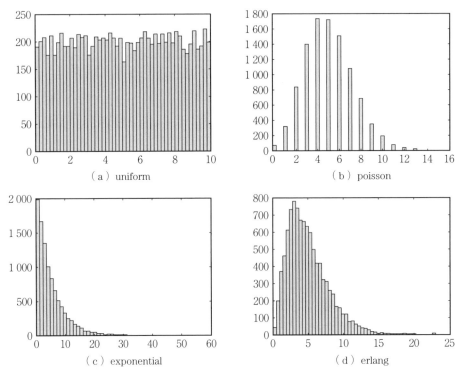

図 4.17　4種類の確率分布で出力したランダム値の度数分布

（c）**退　　出**　退出に関しては，単に利用が終了したら退出すればよい。1人もしくは人数が決まっているときは，全員が退出した際にシミュレーションを終了する。

（2）**シミュレーションする**　それでは，単位時間を10秒と想定して，到着に関しては指数分布でシミュレーション開始から平均30単位時間，利用時間は形状母数 $k=3$ のアーラン分布として平均5単位時間になるようにしてシミュレーションしてみよう。

4.3 待ち行列シミュレーション 93

**sim02_one.py**

```python
import numpy.random as npr
RANDOM_SEED = 5


class Person:

    def __init__(self, name):
        self.name = name               # 自分の名前
        # 到着するまでの時間を指数分布で与える。
        expected_1 = 30.0
        lam_1 = 1.0 / expected_1        # 期待値 =1/lam
        self.arrive_time = npr.exponential(1. / lam_1)
        # 用を足すのにかかる時間をアーラン分布で与える。
        # アーラン分布はガンマ分布の関数で表現できる。
        k = 3.0
        expected_2 = 5.0
        lam_2 = k / expected_2 # 期待値 E=k/lam より lam=k/E
        self.relieve_time = npr.gamma(k, 1. / lam_2)
        self.status = 'initial' # 自分の状態を表す。None は存在しないことを表す。

    def __repr__(self):          # print(self) をしたときの出力を決めておく。
        return 'name: %s, status: %s' % (self.name, self.status)

    def behave(self):            # 1 ステップで行う, 一連の行動。
        if self.status == 'initial':
            self.arrive_time -= 1      # カウントダウンする
            if self.arrive_time <= 0:
                self.status = 'relieving'
        elif self.status == 'relieving':
            self.relieve_time -= 1     # カウントダウンする
            if self.relieve_time <= 0:# もし用を足し終えたら, 退出する。
                self.status = 'leaving'          # 退出中。
        print(self)


def simulation():
    ### シミュレーション準備 ###
    person = Person('Yasuda')  # 人を設定
    time = 0
    ### シミュレーション開始 ###
    while time < 1000:
        time += 1
        print('time:%d' % time)
        person.behave()
        if person.status == 'leaving':
            break # 退出したのでループを終わる

    ### シミュレーション終了後まとめ ###
    print('report\nsimulation time: %d' % (time))

if __name__ == '__main__': # このスクリプト自体が実行されたときにのみ以下を実行
    npr.seed(RANDOM_SEED)
```

94    4. 分　　　　　　析

```
simulation()
```

これを実行すると，各行動が出力される。

```
time:1
name: Yasuda, status: initial
time:2
name: Yasuda, status: initial
(略)
time:7
name: Yasuda, status: initial
time:8
name: Yasuda, status: relieving
(略)
time:11
name: Yasuda, status: relieving
time:12
name: Yasuda, status: leaving
report
simulation time: 12
```

　先ほどの「1人が1つのトイレを利用するモデル」を骨格として，Person クラスに肉付けをして「到着する（arrive）」「用を足す（relieve）」行動を付け加えている。ランダムシードを変えれば実行ごとに行動の時間は変化する。用を足し終えると（もしくは1000単位時間経っても終了しない場合）シミュレーション自体を終えるように if 節を while ループの中に挿入している。

### 4.3.6　複数人が1つのトイレを利用する

　複数人が施設（トイレ）を使うことによって，1人のモデルと異なり，はじめて行列（queue）が生じる。先ほどは行動の予定は行動する人の内部で決定されていたが，待つためには，人が自分の前にいる人を知覚して，つぎに用を足すのかどうか判断する必要がある。一般的に，シミュレーションにおいて，人や車やロボットなどの個体を用いるモデルを**エージェントモデル**という。エージェント（agent：代理人）の行動を，

1. 環境を知覚する
2. その情報からどのように行動するか決定する
3. 実際に行動し環境に働きかける

という3つの段階に分けて考えることができる。ここでは環境から得る情報は「前にいる人」であり，行動は「行列に並ぶ」もしくは「用を足す」である。

　また，複数の人はどのように到着するのだろうか。前の人が到着してからつぎの人が到着するまでの時間間隔を指数分布で表現することもできるだろうが，シミュレーションのステップを単位時間（例えば10秒）で考えるとき，同じステップ内に2人到着することもあ

4.3 待ち行列シミュレーション 95

るだろう。このように単位時間当たりの事象の発生確率を扱うときは，ポアソン分布で考えればよいことを思い出そう。人の登場タイミングはエージェントの外側で決定しよう。

それではシミュレーションしてみよう。単位時間 $t$ 当たりに来訪平均の人数 $\lambda=0.2$（人／時間）としたポアソン分布としよう。トイレの利用時間は先ほどと同様のアーラン分布として平均5単位時間とする。利用時間が平均5単位時間とすると，少しおかしい表現かもしれないが，1単位時間に用を足す割合は $1/5=0.2$ となる。これを $\mu=0.2$（人／時間）としよう。シミュレーションで観察する利用者は $N=5$ 人であるとする。

100行ほどのコードとなるが，先ほどの1人が利用するモデルと比較しながら読み進めてほしい。

**sim03_many.py**

```python
import numpy.random as npr
RANDOM_SEED = 5


class Person:

    def __init__(self, name, expected, ahead=None):
        self.name = name                # 自分の名前
        self.ahead = ahead              # 自分の前にいる人
        # 用を足すのにかかる時間をアーラン分布で与える。
        k = 3.0
        lam_2 = k / expected # 期待値 E=k/lam より lam=k/E
        self.relieve_time = npr.gamma(k, 1. / lam_2)
        self.queueing_time = 0  # 累積の待ち時間
        self.status = 'initial' # 自分の状態を表す。None は存在しないことを表す。

    def __repr__(self):# print(self) をしたときの出力を決めておく。
        return 'name: %s, status: %s' % (self.name, self.status)

    def behave(self):               # 1 ステップで行う，一連の行動。
        ### 環境から情報を得る ###
        # 前にいる人の状態を見て得る。ahead_status を決定する。
        if self.ahead != None:
            ahead_status = self.ahead.status
        else:
            ahead_status = 'leaving'

        ### 意思決定をして行動する ###
        if ahead_status != 'leaving': # 前に人がいたら行列に並ぶ。
            self.queueing_time += 1
            self.status = 'queueing for %d' % self.queueing_time
            print(self)
        else: # 前に人がいなければ，用を足す。
            self.relieve_time += -1
            self.status = 'relieving rest:%-2.2f' % self.relieve_time
            print(self)
            if self.relieve_time <= 0:   # もし用を足し終えたら，退出する。
                self.status = 'leaving' # 退出中。
```

**96　　4. 分　　　　　　析**

```python
                print(self)


def person_generator(expected):          # next で呼び出すたびに person を生成
    i = 0
    ahead = None
    while True:
        person = Person('person_%02d' % i, expected, ahead=ahead)
        ahead = person
        i += 1
        yield person # yeild は，つぎに呼ばれたときにまたこの位置から処理される。


def simulation(lam, mu, person_Num):
    ### シミュレーション準備 ###
    person_list_queueing = []  # システム内にいる人のリスト。
    person_list_worked = []     # シミュレーション終了した人をつめこむリスト
    gen = person_generator(1./mu)  # =1/単位時間当たりに用を足す人数
    time = -1

    ### シミュレーション開始 ###
    # 全員が退出するまでシミュレーションをする。
    while len(person_list_worked) < person_Num: # 指定した人数が終了したらループ終了
        time += 1
        print('time:%d, queue:%d' % (time, len(person_list_queueing)))
        # 出現の処理
        num = npr.poisson(lam)  # 単位時間当たりの到着人数の期待値 = 到着率（人）。
        if num:
            for i in range(num):
                person_list_queueing.append(next(gen)) # person を生成

        # システム内にいる人それぞれの行動の処理
        # python の仕様で，person_list のループ中にリストの内容を変更すると
        # 予期しない挙動を示すので，[:]のスライスでコピーする。
        for person in person_list_queueing[:]: # 1 人ずつ行動する
            person.behave()
            if person.status == 'leaving': # 退出する person をリストから取り除く
                person_list_queueing.remove(person)
                person_list_worked.append(person)

        if time > 100:
            break

    ### シミュレーション終了後まとめ ###
    print('report')
    for person in person_list_worked:
        print('name: %s, queueing time: %s' %
              (person.name, person.queueing_time))
if __name__ == '__main__': # このスクリプト自体が実行されたときにのみ以下を実行
    npr.seed(RANDOM_SEED)
    simulation(lam=0.2, mu=0.2, person_Num=5)
```

このスクリプトを実行すると

```
time:0, queue:0
time:1, queue:0
name: person_00, status: relieving rest:3.38
time:2, queue:1
name: person_00, status: relieving rest:2.38
(略)
time:39, queue:5
name: person_04, status: relieving rest:-0.61
name: person_04, status: leaving
name: person_05, status: relieving rest:4.21
name: person_06, status: queueing for 4
name: person_07, status: queueing for 2
name: person_08, status: queueing for 2
report
name: person_00, queueing time: 0
name: person_01, queueing time: 0
name: person_02, queueing time: 0
name: person_03, queueing time: 7
name: person_04, queueing time: 9
```

のように出力される。人が前の人の状態を知覚して行動を決定するという考え方を採用したが，Python のリストを使って行列を再現するような，よりスマートな方法も考えられる。興味ある読者はそのような方法もプログラミングしていただきたい。

ここでいくつか待ち行列理論の概念を導入しよう。

**（1） 待ち行列への入力要因**　　もし，ある $N$ 人の人だけがトイレを使うことを想定する場合，$N$ は有限な数であり，このような集団を有限母集団と呼ぶ。一方，到着する人が無限である場合は無限母集団である。また，上記のシミュレーションでは単位時間当たりに到着する平均人数（到着率あるいは平均到着率と呼ぶ）$\lambda$ を与えた。

さらに，用を足すのにかかる時間をアーラン分布としたが，平均の用を足す時間，すなわち平均サービス時間 $\overline{S}$ に対して（平均）サービス率を $\mu = 1/\overline{S}$ という。すなわち，単位時間当たり $\mu$ 人が用を足したのであり，もし $\overline{S}=5$〔時間／人〕だったとすると，単位時間当たり $1/5=0.2$ 人が用を足したといえる。窓口 server（ここではトイレ個室）が 1 つであったが，窓口数 $c$ もシステムに対する入力要因として考えることができる。まとめると，$\lambda,\ \mu,\ c$ が入力要因である。

**（2） 待ち行列の評価指標**　　待ち行列のシミュレーションを行うことにより，例えば，待ち時間が適切な範囲内であったかどうか，もしくは行列の人数の平均や，どのぐらいまで伸びたのかといったことを解析することによって，計画に役立てることができる。おもに待ち行列は，時間と人数に関する指標を用いて評価できる。先にあげた $\alpha$ 法，$\beta$ 法の $\alpha$ と $\beta$ は評価指標である。

例えば，施設・サービスが有効に利用されているか測る指標として，以下のように利用率 $\rho$ を定義することができる。

$$
\text{利用率 } \rho = \frac{\text{施設・サービスが利用されている時間}}{\text{施設・サービスが利用できる時間}} \tag{4.7}
$$

利用できる時間を $T$ とすると，「$c$ 個ある各サービスでの利用されている時間の平均」は，「各サービスに到着した平均人数」×「平均サービス時間」で求められるので，平均到着率 $\lambda$ と平均サービス率 $\mu$ を用いて

$$
\rho = \frac{\text{各サービスの平均到着者数×平均サービス時間}}{\text{施設・サービスが利用できる時間}} = \frac{\frac{\lambda T}{c} \times \frac{1}{\mu}}{T} = \frac{\lambda}{c\mu} \tag{4.8}
$$

と表すことができる。以下では，これらの評価指標を求めるとともに，待ち行列のシミュレーションをするのに有用な SimPy というライブラリを導入してみよう。

### 4.3.7　SimPy を利用する

**SimPy** は，待ち行列モデルを扱うような離散イベントシミュレーションのためのフレームワークであり，Python の**ジェネレーター**（generator）という機能を使ってイベントをプログラミングできる。SimPy の公式ドキュメントに詳細が記述されているが，ここではプログラムを使ってみて理解していく。まず，シンプルなモデルを Simpy で書き換えてみよう。

**sim11_simple.py**

```python
import simpy


class Person:

    def __init__(self, env, name):
        self.env = env          # SimPy のシミュレーション環境
        self.name = name        # 自分の名前

    def behave(self):           # 1 ステップで行う一連の行動。
        # SimPy に追加するプロセスとして，generator として作成する。
        while True:
            print('time[%02d] My name is %s' % (self.env.now, self.name))
            yield self.env.timeout(1)


def simulation():
    ### シミュレーション準備 ###
    # 環境を設定
    env = simpy.Environment()   # SimPy によるシミュレーション環境を作成
    # 人を設定
    person = Person(env, 'Yasuda')
    env.process(person.behave())            # プロセスと登録
    ### シミュレーション開始 ###
    env.run(until=5)
```

4.3 待ち行列シミュレーション 99

```
if __name__ == '__main__':      # このスクリプト自体が実行されたときにのみ以下を実行
    simulation()
```

結果は

```
time[00] My name is Yasuda
time[01] My name is Yasuda
time[02] My name is Yasuda
time[03] My name is Yasuda
time[04] My name is Yasuda
```

である。

　大きな変更点は，SimPy を使用することよって，シミュレーションの実行（env.run の箇所）が大幅に簡略化されていることである。SimPy のようにすでに開発されているライブラリを使うとシンプルに実装できる。以下で **generator** や yield といった Python の機能を説明する。難しいと感じる読者は読み飛ばしてもかまわない。とりあえずこのように書けば動くのだというぐらいでどんどん進んで欲しい。

　SimPy を使うに当たって，まずシミュレーション環境を

```
env = simpy.Environment()
```

で作成し，実行するイベント（ここでは行列に並ぶ，用を足すといった行動）を generator として作成し，env.process(generator) という形でシミュレーション環境に登録している。generator とは while ループの中で yield…と宣言している部分であるが，呼ばれるたびになんらかの処理をして要素を生成している。

```
yield self.env.timeout(1)
```

と宣言しているのは，1 ステップ後まで休む，すなわち 1 ステップ後に続きの処理をする，という意味である。

　1 人で用を足すモデルも simpy で書き直そう。シミュレーションの変数として，到着率とサービス率を引数として使うことができるようにした。

sim12_one.py

```
import simpy
import numpy.random as npr
RANDOM_SEED = 5


class Person:

    def __init__(self, env, name, lam, mu):
        self.env = env              # SimPy のシミュレーション環境
        self.name = name            # 自分の名前
        #   到着するまでの時間の期待値は 1/到着率
        self.arrive_time = npr.exponential(1. / lam)
```

```
                # 用を足すのにかかる時間をアーラン分布で与える。
                k = 3.0
                lam_2 = k* mu                # 期待値 1/mu=k/lam より lam=k*mu
                self.relieve_time = npr.gamma(k, 1. / lam_2)
                self.status = 'initial' # 自分の状態を表す。

        def __repr__(self):# print(self) をしたときの出力を決めておく。
                return 'time: %6.2f, name: %s, status: %s' % (self.env.now, self.
name, self.status)

        def behave(self):                    # 1 ステップで行う，一連の行動。
                # SimPy に追加するプロセスとして，generator として作成する。
                # 自分の名前を print する %s のところに self.name を代入している。
                self.status = 'arrival'
                print(self)
                yield self.env.timeout(self.arrive_time)
                self.status = 'relieving'
                print(self)
                yield self.env.timeout(self.relieve_time)
                self.status = 'leaving'              # 退出中。
                print(self)


def simulation(lam, mu):
    ### シミュレーション準備 ###
    # 環境を設定
    env = simpy.Environment()  # SimPy によるシミュレーション環境を作成
    # 人を設定
    person = Person(env, 'Yasuda', lam, mu)
    env.process(person.behave())            # プロセスと登録
    ### シミュレーション開始 ###
    env.run(until=100)


if __name__ == '__main__': # このスクリプト自体が実行されたときにのみ以下を実行
    npr.seed(RANDOM_SEED)
    simulation(1.0/30.0, 1/5.0)
```

結果は

```
time:  0.00, name: Yasuda, status: arrival
time:  7.53, name: Yasuda, status: relieving
time: 11.22, name: Yasuda, status: leaving
```

のようになる。到着までの時間および用を足す時間だけ env.timeout した。結果に
「time:11.22」などとあるように，SimPy では整数の離散的な時刻ではなく，浮動点小数
で連続的に時間を扱える。また，毎時間ステップごとにシミュレーションしていくのではな
く，到着する，用を足すといったイベントごとにシミュレーションしていることがわかる。
SimPy ではこのような event-driven のシミュレーションが簡単に行える。
　つぎに，複数人が使用するモデルを simpy で書き直してみよう。トイレは simpy.

4.3 待ち行列シミュレーション　　*101*

resource というクラスを使うことで，先に書いたような複雑な待ちの処理を書く必要はなくなる。さらに，複数個のトイレを使うシミュレーションも capacity 値を設定するだけで可能である。Python 特有の with 構文を使用しているが，難しく考えずに気軽に使っていただきたい。

sim13_many.py

```python
import simpy
import numpy.random as npr
RANDOM_SEED = 5


class Person:

    def __init__(self, env, name, mu):
        self.env = env              # SimPy のシミュレーション環境
        self.name = name            # 自分の名前
        # 用を足すのにかかる時間をアーラン分布で与える。
        k = 3.0
        lam_2 = k* mu               # 期待値 1/mu=k/lam より lam=k*mu
        self.relieve_time = npr.gamma(k, 1. / lam_2)
        self.status = 'initial' # 自分の状態を表す。

    def __repr__(self): # print(self) をしたときの出力を決めておく。
        return 'time: %6.2f, name: %s, status: %s' % (self.env.now,
        self.name, self.status)

    def behave(self, toilet):  # 1 ステップで行う一連の行動。
        print(self)
        # SimPy に追加するプロセスとして，generator として作成する。
        with toilet.request() as req:
            self.status = 'queueing'
            print(self)
            yield req # request が通るまで待ち，通ったらつぎのプロセスへ。
            self.status = 'relieving'
            print(self)
            yield self.env.timeout(self.relieve_time)
            self.status = 'leaving'     # 退出中。
            print(self)


def person_generator(env, toilet, lam, mu, person_Num=None):
    print('time: %6.2f, start' % env.now)
    i = 0
    if person_Num == None:
        def flag(i):
            return True                 # None のときは無限母集団として扱う。
    else:
        def flag(i):
            return i < person_Num       # 有限母集団。

    while flag(i):
        # 登場する時間間隔は指数分布
        yield env.timeout(npr.exponential(1.0 / lam, size=1))
```

```
        person = Person(env, 'person_%00d' % i, mu)
        i += 1
        env.process(person.behave(toilet))  # 実行するプロセスを追加


def simulation(lam=0.2, mu=0.2, capacity=1, until=100):
    ### シミュレーション準備 ###
    # 環境を設定
    env = simpy.Environment()  # SimPy によるシミュレーション環境を作成
    toilet = simpy.Resource(env, capacity=capacity)  # capacity = トイレ数
    # 人を設定
    person_Num = 5  # 有限母集団
    env.process(person_generator(env, toilet,
                                 lam, mu, person_Num))  # 人を出現させるプロセス
    ### シミュレーション開始 ###
    env.run(until=until)


if __name__ == '__main__':  # このスクリプト自体が実行されたときにのみ以下を実行
    npr.seed(RANDOM_SEED)
    simulation(lam=0.2, mu=0.2, capacity=1, until=100)
```

ここでは人の出現するプロセスを def person_generator で定義している。単位時間ごとの到着率がポアソン分布で表現できるとすると，前の人が現れてからつぎの人が現れるまでの時間間隔は指数分布で表される。整数時間のステップでは，同じステップ内に2人以上が到着することも考える必要があったが，SymPy では浮動点小数時間を扱えるので，指数分布で時間間隔を与えるのでよい。結果は，

```
time:  0.00, start
time:  1.26, name: person_0, status: initial
time:  1.26, name: person_0, status: queueing
time:  1.26, name: person_0, status: relieving
time:  4.61, name: person_1, status: initial
(略)
time: 17.83, name: person_3, status: leaving
time: 17.83, name: person_4, status: relieving
time: 20.82, name: person_4, status: leaving
```

のようになる。

**ケンドール記号**　　待ち行列理論でしばしば利用されるケンドール記号を導入しよう。今回のモデルでは，人が到着する時間間隔は指数分布としたが，このように人の到着，サービス時間，窓口の数といった入力特性によって待ち行列モデルを分類して表現するために，ケンドール記号が用いられる。

ケンドール記号は，

　　［人の到着時間分布］／［サービス時間分布］／［窓口数］

　　／［システムの容量］／［システムに来る人の数］／［システムの規範］

のように，6つの特徴で表現される。時間の分布はマルコフ過程 $M$，一定時間 $D$，位数 $k$ の
アーラン分布 $E_k$，一般のサービス時間分布 $G$ といった記号を用いる。

　マルコフ過程とは，簡単にいえば，未来の行動が過去の情報を無視して現在の状態のみで
決定できるようなもので，ポアソン分布・指数分布はそれに該当するが，詳しくは各自調べ
られたい。

　例えば，$M/M/1/\infty/\infty/FIFO$ のように表現すれば，到着時間分布とサービス時間分布
がポアソン分布（$M$）で，窓口は1つ，システムの容量（サービスする窓口と行列に合計し
て入れる人数）と母集団が無限，FIFO は First In First Out ではじめに並んだ人から
順に窓口に行けるという意味である。

　なお，後ろの3つは $\infty/\infty/FIFO$ のときは省略されて，$M/M/1$ のように表現されること
もある。

### 4.3.8　記録とその可視化をしながら，複数人で複数個のトイレを利用

　それではシミュレーションの挙動を観察するために，monitor という関数を実装しよう。
ここでは（時刻，使用人数，行列人数）をタプルとして，一定時間ごとに data に追記して
いくプロセスとした。

　この結果をシミュレーション後に matplotlib を用いてアニメーションにするとともに，
結果をグラフで可視化する。以下のような可視化用のモジュールを作成して自分で import
し，読み込んで使う。

**visualize.py**

```python
import numpy as np
import matplotlib.pyplot as plt
from matplotlib.animation import FuncAnimation


def plotter(data, lambd, mu, capacity):
    x1 = [tup[0] for tup in data]               # 時刻
    y1 = [tup[2] for tup in data]               # 待ち人数
    y2 = [tup[1]/capacity for tup in data]      # 利用率
    fig = plt.figure()
    ax1 = fig.add_subplot(1, 1, 1)
    ax1.bar(x1, y1, color='gray', label='queue length')
    ax1.set_title(r'Queueing Simulation, $\lambda=%4.2f, \mu=%4.2f, c=%d$' %
                  (lambd, mu, capacity))
    ax1.set_xlabel('steps')
    ax1.set_ylabel('queue length')
    ax2 = ax1.twinx()              # x軸を関連付ける
    ax2.plot(x1, y2, c='k', ls='-', label='simulated UR')
    ax2.axhline(y=np.mean(y2), c='k', ls='--', label='mean of simulated UR')
    ax2.axhline(
        y=lambd/(mu*capacity), c='k', ls=':', lw=2, label='theoretical UR')
    ax2.set_ylabel('utilization ratio (UR)')
```

## 104　4. 分　　　析

```python
    plt.legend(loc='best')
    plt.show()


def animation(data, lambd, mu, capacity, until):
    fig = plt.figure()
    ani = FuncAnimation(fig, update, fargs=(data,), interval=100, frames=until)
    plt.show()


def update(i, data):
    tup = data[i]
    y0 = 0.0
    x1 = np.arange(1, tup[2] + 1) # 行列人数
    y1 = np.ones(x1.shape) * y0
    x2 = np.arange(-1, -tup[1] - 1, -1) # 使用人数
    y2 = np.ones(x2.shape) * y0
    plt.cla()
    plt.xlim([-10, 10])
    plt.ylim([-1, 1])
    plt.yticks([])
    plt.title("Users and Queue: time=%03d" % tup[0])
    plt.xlabel("people num")
    plt.scatter(x1, y1, c='white', s=80, label='queueing:%d' % tup[2])
    plt.scatter(x2, y2, c='black', s=80, label='using:%d' % tup[1])
    plt.legend(loc='best')
```

さらに simpy での実装を進めて，便器の数を任意の数 $c$ で与えられるようにしよう。これは simpy.resource の capacity の引数を任意の数に変更するだけですむ。また到着人数に制限を与えず，無限母集団として考えよう。

ここでは人の到着と用を足すというイベントに着目して実装している。つまり先に書いた事象・イベントごとの（event-driven）シミュレーションになっているのがわかるだろうか。

**sim14_ekmc.py**

```python
import simpy
import numpy.random as npr
import sim13_many as mysim        # 自分で作成したモジュールを読み込み。
from visualize import plotter, animation
RANDOM_SEED = 5


def monitor(env, toilet, data, interval=1.0): # 記録用紙
    while True:
        tup = (
            env.now,                   # 現在時刻
            toilet.count,              # 使用人数
            len(toilet.queue),         # 行列人数
        )
        data.append(tup)
        yield env.timeout(interval)
```

```
def simulation(lambd=0.3, mu=0.2, capacity=1, until=100):
    ### シミュレーション準備 ###
    # 環境を設定
    env = simpy.Environment()   # SimPyによるシミュレーション環境を作成
    toilet = simpy.Resource(env, capacity=capacity)
    # 人を出現させるプロセスと登録  # 無限母集団
    env.process(mysim.person_generator(env, toilet,
                                        lambd, mu))
    # 記録用紙を設定
    data = []   # 記録用
    env.process(monitor(env, toilet, data))
    # データを設定
    ### シミュレーション ###
    env.run(until=until)
    ### 可視化 ###
    animation(data, lambd, mu, capacity, until)
    plotter(data, lambd, mu, capacity)


if __name__ == '__main__':  # このスクリプト自体が実行されたときにのみ以下を実行
    npr.seed(RANDOM_SEED)
    simulation(lambd=1.0, mu=0.2, capacity=6, until=100)
```

実行するとアニメーションが表示され（図 4.18），さらに各時刻における行列の長さと利用率がグラフで描画されて可視化できる（図 4.19）。

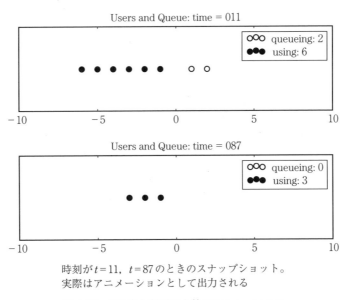

時刻が $t=11$, $t=87$ のときのスナップショット。
実際はアニメーションとして出力される

図 4.18 利用者と行列の人数のアニメーション

このようにして，到着率，サービス率，サービス窓口数といった入力要因を任意で与えて待ち行列のシミュレーションを行うことができる。

106　　4. 分　　　　析

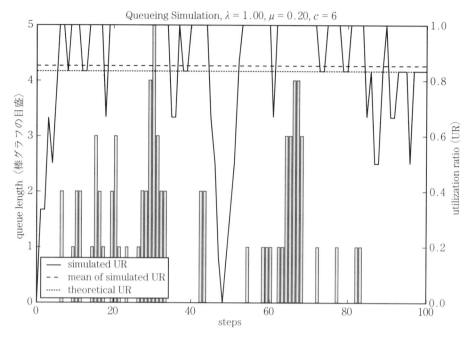

シミュレーションで計測した利用率（UR）と入力要因から
理論的に計算できる利用率も描画している

**図 4.19**　行列の長さと利用率時間変化

**5** 形態と性能の最適化

　本章では，最適化手法を用いた建築の設計法について，Python による簡単なプログラム例を紹介する。計算結果の描画のために `matplotlib` を，数値解析／最適化計算のために `NumPy` および `SciPy` を用いる。また，Python に JIT（just in time）コンパイラを導入し，計算を高速化するモジュール `numba` を用いる。

　まず，最適化に関する基本的な知識について Python のプログラムを作りながら学び，その後，建築形態の最適化例を紹介する。本章では，おもに構造最適化と形態最適化を対象とする。

## 5.1　最適化問題とは

### 5.1.1　最適化問題の定義

　変数に関する制約の下で，目的関数を最小化あるいは最大化する問題を最適化問題といい，変数や関数の連続性などによって，非線形計画問題，線形計画問題，整数計画問題（組合せ最適化問題）に分類される。最小化あるいは最大化する対象が1つであるものを，特に単一目的最適化と呼び，数学的にはつぎのように表現される。

（1）**単一目的最適化問題**　$m$ 個の変数からなるベクトルを $\boldsymbol{x} = (x_1, \cdots, x_m)^{\mathrm{T}}$ とする。最小化すべき目的関数を $F(\boldsymbol{x})$，等式制約条件および不等式制約条件の数をそれぞれ $N^E$，$N^I$ とし，$i$ 番目の等式および不等式制約条件を定める関数を $G_i(\boldsymbol{x})$，$H_i(\boldsymbol{x})$ とすると，単一目的最適化問題は一般に式 (5.1) のような形式となる。

$$\begin{aligned} &\text{minimize} \quad F(\boldsymbol{x}) \\ &\text{subject to} \quad G_i(\boldsymbol{x}) = 0, \, (i = 1, \cdots, N^E) \\ &\qquad\qquad\quad H_i(\boldsymbol{x}) \leq 0, \, (i = 1, \cdots, N^I) \end{aligned} \tag{5.1}$$

　すべての制約を満たす解を**許容解**といい，その集合からなる領域を**許容領域**という。また，「minimize」は最小化するという意味であり

$$\text{目的関数：} F(\boldsymbol{x}) \longrightarrow 最小化 \tag{5.2}$$

と書くこともある。

（2）**多目的最適化問題**　複数の目的関数をもつ最適化問題を，多目的最適化問題とい

い，その解法を**多目的計画法**という。目的関数の数を $N^F$ とすると，多目的最適化問題は，目的関数を並べたベクトル $\boldsymbol{F}(\boldsymbol{x}) = (F_1(\boldsymbol{x}), \cdots, F_{N^F}(\boldsymbol{x}))$ を用いて一般につぎのように書ける。

$$\begin{aligned}&\text{minimize} \quad \boldsymbol{F}(\boldsymbol{x}) = (F_1(\boldsymbol{x}), \cdots, F_{N^F}(\boldsymbol{x})) \\ &\text{subject to} \quad H_i(\boldsymbol{x}) \leq 0, \quad (i = 1, \cdots, N^I)\end{aligned} \qquad (5.3)$$

ここで，簡単のため，不等式制約条件のみ扱うものとする。

変数ではなく，目的関数値を軸にとった空間を目的関数空間という。

いま，目的関数が2つの場合を考える。問題 (5.3) の制約条件を満たすすべての解に対して $F_1(\boldsymbol{x})$ と $F_2(\boldsymbol{x})$ を計算し，目的関数空間でプロットした集合（許容領域）を**図 5.1** のアミかけの領域とする。

許容領域内における特定の点 P を考える。点 P から許容領域のどの方向に移動しても，$F_1$ と $F_2$ のいずれかは必ず増加するような点 P に対応する解を，**パレート最適解**という。

そのような点の集合は，パレート最適解群と呼ばれ，図 5.1 において太線で示した曲線となる。

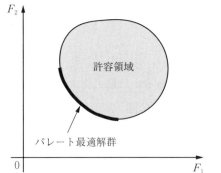

**図 5.1** 許容領域とパレート最適解

具体例としては，$F_1$ が集合住宅の家賃であり，$F_2$ が最寄り駅からの距離である場合を考えてみればわかりやすい。利便性を考えて最寄り駅からの距離 $F_2$ を小さくすれば，一般にはそれと相反して家賃 $F_1$ は増大する。$F_1$ と $F_2$ がどちらも大きいような物件はパレート最適解ではない。消費者は，パレート最適解群の近傍から，$F_1$ と $F_2$ どちらを優先するかを考え，1つの物件を選択することとなる。なお，目的関数は $F_1$，$F_2$ 以外にも考えられる。築年数を $F_3$ とすれば，少なくとも $F_1$ と $F_3$ は相反すると考えられ，図 5.1 は3次元空間となる。

多目的最適化問題の一般的な解法としては，**制約法**や**重み付き線形和法**がある。

前者は，目的関数を1つに限定し，その他の目的関数の上限値を与えて不等式制約条件として組み込んだ単一目的最適化問題を，繰り返し解く方法である（図 5.2）。

後者は，重み付けした各目的関数値の合計 $w_1 F_1 + w_2 F_2$ を目的関数として単一目的最適化問題に帰着し，$w_1$，$w_2$ の値を変えて繰り返し解く方法である（図 5.3）。

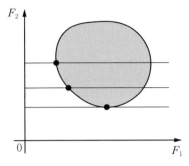

**図 5.2** 制約法（$F_2$の上限を指定した場合）

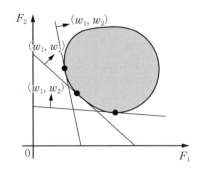

**図 5.3** 重み付き線形和法

### 5.1.2 最適化手法

最適化手法は，非線形計画問題，線形計画問題，整数計画問題（組合せ最適化問題）といった問題の性質によってさまざまな解法が存在し，それらは，**数理計画法**と**発見的手法**の2種類に大別される。前者は，おもに関数の勾配情報を用いる理論的な手法であり，高速に解を求めることができるが，関数の連続性が要求されるため，解ける問題が制限される。後者は，計算速度は劣るものの，汎用性が高く，数理計画法では扱うことのできない離散的な問題にも適用可能である。

まず数理計画法のうち，制約のない最適化問題に対する最も古典的な解法である最急降下法と，制約付き最適化問題を無制約最適化問題に変換して解く手法であるペナルティー法，ならびに制約付き最適化問題に対する一般的な解法である逐次2次計画法，最適性条件法について概説する。その後，発見的手法の一種である局所探索に基づく方法について述べる。

**（1）最急降下法** 変数ベクトル $\boldsymbol{x} = (x_1, \cdots, x_m)^\mathrm{T}$ の関数 $F(\boldsymbol{x})$ の**勾配ベクトル** $\nabla F(\boldsymbol{x})$ は，次式で定義される。

$$\nabla F(\boldsymbol{x}) = \left( \frac{\partial F}{\partial x_1}, \cdots, \frac{\partial F}{\partial x_m} \right)^\mathrm{T} \tag{5.4}$$

$\nabla F(\boldsymbol{x})$ は，指定された $\boldsymbol{x}$ の変化量に対して $F(\boldsymbol{x})$ が最も増加する方向を示している。

例として

$$F(\boldsymbol{x}) = \frac{1}{2}(x_1 - 3)^2 + (x_2 - 2)^2 \tag{5.5}$$

を考えてみる[1]。図 5.4 の楕円は，$F(\boldsymbol{x})$ の値が一定の曲線（等高線）を示している。式 (5.5) の関数の勾配ベクトルはつぎのようになる。

$$\nabla F(\boldsymbol{x}) = \begin{pmatrix} x_1 - 3 \\ 2(x_2 - 2) \end{pmatrix} \tag{5.6}$$

例えば，$\boldsymbol{x} = (x_1, x_2)^\mathrm{T} = (4, 3)^\mathrm{T}$ の点 A において $F(\boldsymbol{x}) = 3/2$ であり，図 5.4 に示すように，$\nabla F(\boldsymbol{x}) = (1, 2)^\mathrm{T}$ である。

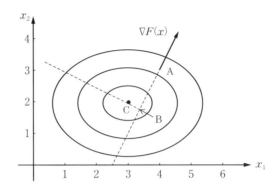

**図 5.4** 2 変数関数の等高線と勾配ベクトル

勾配ベクトルの定義から，$-\nabla F(\boldsymbol{x})$ の方向に変数を変更すれば，最も効率よく $F(\boldsymbol{x})$ を減少させることができる。$\boldsymbol{x}$ の変動量の大きさを定めるパラメータを $\tau$ として，次式のように $\boldsymbol{x}$ を更新して最適解に近づいていく方法を最急降下法という。

$$\boldsymbol{x}^{(k+1)} = \boldsymbol{x}^{(k)} - \tau \nabla F(\boldsymbol{x}^{(k)}) \tag{5.7}$$

ここで，$k$ は繰り返しのカウンターである。$\tau$ はステップ幅と呼ばれる。

この方法では，$\tau$ が大きいと最適解を通り越してしまう可能性がある。また，$\tau$ が小さいときわめて計算効率が悪くなる。したがって，通常は $-\nabla F(\boldsymbol{x})$ により方向のみを定め，その方向で $F(\boldsymbol{x})$ が最小となるようなちょうどよい $\tau$ を求める**ラインサーチ**と呼ばれる計算を行う。図 5.4 の例では，$\boldsymbol{x}^{(0)} = (x_1^{(0)}, x_2^{(0)})^\mathrm{T} = (4, 3)^\mathrm{T}$ の点 A を初期値とすると，$F(\boldsymbol{x}^{(0)}) = 3/2$ であり，$-\nabla F(\boldsymbol{x}^{(0)}) = (1, 2)^\mathrm{T}$ の方向に進めばよい。

ラインサーチの最も単純なアルゴリズムは，以下に示す 2 分法である。

**Step 1** 最急降下法の第 $k$ ステップでの解 $\boldsymbol{x}^{(k)}$ が求まっているものとし，$\tau$ の初期値 $\tau^{[0]}$ を与え，カウンター $j$ を 0 とする。

**Step 2** $\boldsymbol{x}^{[0]} = \boldsymbol{x}^{(k)}$ とする。

**Step 3** $\boldsymbol{x}^{[j+1]} = \boldsymbol{x}^{[j]} - \tau^{[j]} \nabla F(\boldsymbol{x}^{(k)})$ とし，$F(\boldsymbol{x}^{[j+1]})$ を評価する。

**Step 4** $F(\boldsymbol{x}^{[j+1]}) < F(\boldsymbol{x}^{[j]})$ のとき，$j \leftarrow j+1$，$\tau^{[j+1]} = \tau^{[j]}$ として Step 3 へ。

**Step 5** $\left| F(\boldsymbol{x}^{[j+1]}) - F(\boldsymbol{x}^{[j]}) \right|$ が終了条件のための指定値 $\varepsilon$ より大きいとき，$j \leftarrow j+1$，$\tau^{[j+1]} = -\tau^{[j]}/2$ として Step 3 へ。

**Step 6** $\boldsymbol{x}^{(k+1)} \leftarrow \boldsymbol{x}^{[j]}$ として終了。

ラインサーチに 2 分法を採用した最急降下法により，$F(\boldsymbol{x})$ の最小値を Python で求めるプログラムの例をつぎに示す。

―― **プログラム 5.1 最急降下法により式 (5.5) の最小値を求めるプログラム：SDM.py** ――
```
import numpy as np   # モジュール numpy を np という名前で読み込み
import csv   # モジュール csv の読み込み
filename = 'out'   # 出力ファイル名
```

```
writer = csv.writer(open(filename + '.csv', 'w', newline=''))  # 出力する csv
ファイルの生成
writer.writerow(['step', 'f(x)', 'x1', 'x2'])  # csv ファイルへのラベルの書き込み


def f(x):  # 目的関数の定義
    return 0.50 * (x[0] - 3.0)**2 + (x[1] - 2.0)**2


def df(x):  # 勾配ベクトルの定義
    return np.array([x[0] - 3.0, 2.0 * (x[1] - 2.0)])


def line_search(xk):  # 2分法によりラインサーチを行う関数
    tau = 2.0
    xj1 = xk
    xj2 = xj1 - tau * df(xk)
    while abs(f(xj2) - f(xj1)) > eps:
        if f(xj2) < f(xj1):
            tau = tau
        else:
            tau = -tau / 2.0
        xj1 = xj2
        xj2 = xj1 - tau * df(xk)
    return xj1


x = [4.0, 3.0]   # 設計変数の初期値
t = 0.10   # τの初期値
itera = 1000   # 最適化の最大反復回数
eps = 1.0e-10   # 終了条件のための指定値
for k in range(itera):   # ここから最急降下法
    fx = f(x)
    writer.writerow([k, fx, x[0], x[1]])
    x_prev = x
    x = line_search(x)
    if abs(np.linalg.norm(x_prev - x)) < eps:
        break
```

　f(x) が目的関数 (5.5)，df(x) が勾配ベクトル (5.6) を計算する関数である。line_
search(xk) は，2分法によるラインサーチの関数である。設計変数の初期値を $x = (4,$
$3)^T$，ステップ幅の初期値を $\tau^{[0]} = 0.1$ に設定し，終了条件のための指定値を $\varepsilon = 1.0 \times 10^{-10}$，
最適化計算の最大反復回数を 1 000 として，最後に最急降下法を実行している。このプログ
ラムでは，csv.writer(open(filename + '.csv', 'w')) で csv ファイルを生成し，
つぎの行でラベル書き込み，最適化の繰り返し計算の中で writer.writerow([k, fx,
x[0], x[1]]) が実行され，計算ステップ数，目的関数値，変数値がそれぞれ書き込まれ
る。このプログラムを実行すると，out.csv という名前の csv ファイルが生成され，Excel
などで開くことで計算結果が確認できる。

　Python には，さまざまなグラフィックスライブラリが存在するが，ここでは，2.2.2 項

112    5. 形態と性能の最適化

で紹介した matplotlib を用いて，つぎに示すプログラムにより，プログラム 5.1 の最適
化計算において探索点が移動する様子と，目的関数値が減少していく様子をグラフ化する。

──────── プログラム 5.2 最適化の過程をグラフで図示するプログラム：plot.py ────────

```
import numpy as np  # モジュール numpy を np という名前で読み込み
import csv  # モジュール csv の読み込み
import matplotlib.pyplot as plt  # モジュール matplotlib の pyplot 関数を plt
# という名前で読み込み

reader = csv.reader(open('out.csv', 'r'))  # 先ほど出力した output.csv の読み込み
f_history = []  # 目的関数の履歴
x1_history, x2_history = [], []  # 設計変数の履歴
for row in reader:  # 1 行目はラベル行なので読み飛ばし
    break
for row in reader:
    f_history.append(float(row[1]))  # 目的関数の読み込み
    x1_history.append(float(row[2]))  # 設計変数の読み込み
    x2_history.append(float(row[3]))
plt.figure(figsize=(15, 8))  # グラフ描画キャンバスを横縦比 15:8 で生成
x1 = np.arange(1.25, 4.75, 0.1)  # 1.25 ～ 4.75 まで 0.1 刻みのベクトル
x2 = np.arange(0.25, 3.75, 0.1)  # 0.25 ～ 3.75 まで 0.1 刻みのベクトル
X1, X2 = np.meshgrid(x1, x2)  # x1,x2 を組み合わせた行列
f = np.vectorize(lambda x1, x2: 0.50 * (x1 - 3.0) **
                 2 + (x2 - 2.0)**2)  # x1,x2 を引数として
# 目的関数を返す関数
plt.subplot(1, 2, 1)  # 1 行目の 2 列の並びの 1 列目にグラフを生成
plt.xlabel('x1')  # 水平方向のラベル
plt.ylabel('x2')  # 鉛直方向のラベル
C = plt.contour(X1, X2, f(X1, X2), 20, colors='black')  # 等高線データ生成
plt.clabel(C, inline=1, fontsize=10)  # 等高線図生成
plt.plot(x1_history, x2_history)  # 目的関数の探索経路生成
plt.subplot(1, 2, 2)  # 1 行目の 2 列の並びの 2 列目にグラフを生成
plt.xlabel('step')  # 水平方向のラベル
plt.ylabel('f(x)')  # 鉛直方向のラベル
plt.plot(f_history)  # 目的関数の履歴図の生成
#(x 成分を省略すれば自動的に横軸は step 数となる )
plt.show()  # グラフを画面に表示する
```

　まず，for row in reader のループで，先ほど作成した計算結果ファイル out.csv
から，目的関数と変数の計算履歴を読み込んでいる。figsize でグラフ全体の縦横比を設
定し，plt.subplot(1,2,1) ～ plt.plot(x1_history,x2_history) で目的関数値
の等高線上を探索点が移動する様子を図 5.5 (a) にプロットしている。

　plt.subplot(1,2,2) ～ plt.plot(f_history) では，計算ステップが進むにつれて
目的関数が減少していく様子を図 (b) にプロットし，最後の行でこれらのグラフを画面に
表示した後，出力している。

　図 5.5 では，2 回の計算ステップで最適解にきわめて近い解が得られていることがわかる。

　**(2) ペナルティー法**　　制約条件の不満足量に対してペナルティーを導入し，制約条件
付き最適化問題を制約条件の存在しない問題に変換する方法を，ペナルティー法という。ペ

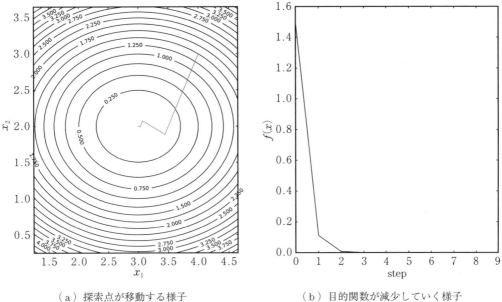

(a) 探索点が移動する様子　　　　　　(b) 目的関数が減少していく様子

**図 5.5** 問題 (5.3) の計算過程のグラフ出力結果

ナルティー法は，外点法と内点法に分類できる．外点法では，制約条件 $H_j \leq 0$ が満たされない領域で，その不満足量に応じたペナルティーを与える．

例えば2次関数を用い，ペナルティーの大きさを調整する正のペナルティー係数を $r$ とし，以下のように目的関数 $F^*(\boldsymbol{x}, r)$ を定義する．

$$F^*(\boldsymbol{x}, r) = F(\boldsymbol{x}) + r \sum_{j=1}^{N^I} R(H_j(\boldsymbol{x}))$$
$$H_j(\boldsymbol{x}) > 0 \text{ のとき } R(H_j(\boldsymbol{x})) = H_j(\boldsymbol{x})^2 \tag{5.8}$$
$$H_j(\boldsymbol{x}) \leq 0 \text{ のとき } R(H_j(\boldsymbol{x})) = 0$$

**図 5.6** は，関数 $F(x) = x^2$ を制約条件 $1 \leq x \leq 1$ の下で最小化する問題の許容領域と関数 $F^*(x)$ を示している．$r$ が小さいとき $F^*(x)$ は実線のようであり，$r$ を大きくすると破線のようになって探索点が停留する点は最適解 $x=1$ に近づく．

制約条件を標準形に書き直すと，$H_1(x) \equiv -x+1 \leq 0$, $H_2(x) \equiv x-2 \leq 0$ となり

$$F^*(x, r) = x^2 + r(R(H_1) + R(H_2)) \tag{5.9}$$

である．いま，$x<1$ であって制約条件 $H_1(x) \leq 0$ が満たされないものとすると，式 (5.9) はつぎのようになる．

$$F^*(x, r) = x^2 + r(-x+1)^2 \tag{5.10}$$

式 (5.10) より，$F^*$ の $x$ に関する停留条件は

$$\frac{dF^*}{dx} \equiv 2x + 2r(x-1) = 0 \tag{5.11}$$

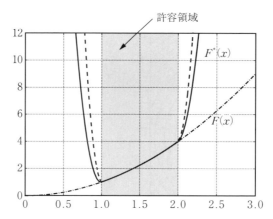

**図 5.6** 外点法の場合のペナルティー関数の例

となる。したがって，最適解 $\tilde{x}$ は

$$\tilde{x} = \frac{r}{1+r} \tag{5.12}$$

であり，$r$ を大きくすると誤差 $1/(1+r)$ が小さくなることがわかる。しかし，$r$ を極端に大きくすると，微分係数 $dF^*/dx$ が大きくなり，収束性が悪くなる。

**（3）最適性条件法** 等式制約付きの最適化問題の解法として，最適性条件法（**ラグランジュの未定乗数法**）がある。式 (5.13) のような等式制約付き最適化問題

$$\text{minimize} \quad F(\boldsymbol{x}) \tag{5.13a}$$

$$\text{subject to} \quad G_i(\boldsymbol{x}) = 0 \quad (i = 1, \cdots, N^E) \tag{5.13b}$$

に対して，**ラグランジュ乗数**を $\boldsymbol{\lambda} = (\lambda_1, \cdots, \lambda_{N_E})^\mathrm{T}$ とし，つぎのような**ラグランジュ関数**を考える。

$$L(\boldsymbol{x}, \boldsymbol{\lambda}) = F(\boldsymbol{x}) + \sum_{i=1}^{N^E} \lambda_i G_i(\boldsymbol{x}) \tag{5.14}$$

問題 (5.13a) の最適解は，ラグランジュ関数 (5.14) が停留する点として与えられる。したがって，$L$ の $\boldsymbol{x}$ と $\boldsymbol{\lambda}$ に関する導関数の値が 0 になる点，すなわちつぎの連立非線形方程式の解が最適解の候補となる。

$$\frac{\partial L(\boldsymbol{x}, \boldsymbol{\lambda})}{\partial \boldsymbol{x}} = 0, \quad \frac{\partial L(\boldsymbol{x}, \boldsymbol{\lambda})}{\partial \boldsymbol{\lambda}} = 0 \tag{5.15}$$

例として，つぎのような等式制約付きの最適化問題を考える。

$$\text{minimize} \quad F(\boldsymbol{x}) = -2x_1 - 3x_2 \tag{5.16a}$$

$$\text{subject to} \quad G(\boldsymbol{x}) = x_1^2 + x_2^2 - 1 = 0 \tag{5.16b}$$

この問題のラグランジュ関数は次式となる。

$$L(\boldsymbol{x}, \boldsymbol{\lambda}) = -2x_1 - 3x_2 + \lambda(x_1^2 + x_2^2 - 1) \tag{5.17}$$

このラグランジュ関数の停留条件は次式となる。

$$\frac{\partial L(\boldsymbol{x}, \boldsymbol{\lambda})}{\partial x_1} = -2 + 2\lambda x_1 = 0 \tag{5.18a}$$

$$\frac{\partial L(\boldsymbol{x}, \boldsymbol{\lambda})}{\partial x_2} = -3 + 2\lambda x_2 = 0 \tag{5.18b}$$

$$\frac{\partial L(\boldsymbol{x}, \boldsymbol{\lambda})}{\partial \lambda} = x_1^2 + x_2^2 - 1 = 0 \tag{5.18c}$$

この連立 1 次方程式を解くと，$(x_1, x_2) = (\pm 2/\sqrt{13}, \pm 3/\sqrt{13})$（複合同順）が解の候補として得られる。このうち，$(x_1, x_2) = (2/\sqrt{13}, 3/\sqrt{13})$ で $F(\boldsymbol{x})$ は最小値をとり，$(x_1, x_2) = (-2/\sqrt{13}, -3/\sqrt{13})$ で最大となる。

（4）**逐次 2 次計画法**　　非線形計画問題の最適解を，2 次計画問題を逐次解いて求める方法を逐次 2 次計画法という。式 (5.1) の最適化問題において，最適化のステップ $k$ での解を $\boldsymbol{x}^{(k)}$ とし，目的関数と制約関数を線形近似する。$\boldsymbol{x}$ の増分を $\boldsymbol{d}$ とし，以下のように 2 次計画問題を定式化する。

$$\begin{aligned}
\text{minimize} \quad & F(\boldsymbol{x}^{(k)}) + \nabla F(\boldsymbol{x}^{(k)})^{\mathrm{T}} \boldsymbol{d} + \frac{1}{2} \boldsymbol{d}^{\mathrm{T}} \boldsymbol{D} \boldsymbol{d} \\
\text{subject to} \quad & G_i(\boldsymbol{x}^{(k)}) + \nabla G_i(\boldsymbol{x}^{(k)})^{\mathrm{T}} \boldsymbol{d} = 0, \quad (i = 1, \cdots, N^E) \\
& H_j(\boldsymbol{x}^{(k)}) + \nabla H_j(\boldsymbol{x}^{(k)})^{\mathrm{T}} \boldsymbol{d}^{\mathrm{T}} \leq 0, \quad (j = 1, \cdots, N^I)
\end{aligned} \tag{5.19}$$

ここで，目的関数の最後の項は，$\boldsymbol{d}$ のノルムが大きくなりすぎないように与えられたペナルティー項である。行列 $\boldsymbol{D}$ は正定値（すべての固有値が正）であれば何でもよいが，通常は元の問題のラグランジュ関数の**ヘッセ行列**（二階の偏導関数を並べた行列）の近似行列とする。目的関数と制約関数の勾配ベクトル $\nabla F(\boldsymbol{x}^{(k)})$，$\nabla G_i(\boldsymbol{x}^{(k)})$，$\nabla H_i(\boldsymbol{x}^{(k)})$ の成分は次式で計算できる。

$$\nabla F(\boldsymbol{x}) = \begin{pmatrix} \dfrac{\partial F(\boldsymbol{x})}{\partial x_1} \\ \vdots \\ \dfrac{\partial F(\boldsymbol{x})}{\partial x_N} \end{pmatrix}, \quad \nabla G_i(\boldsymbol{x}) = \begin{pmatrix} \dfrac{\partial G_i(\boldsymbol{x})}{\partial x_1} \\ \vdots \\ \dfrac{\partial G_i(\boldsymbol{x})}{\partial x_N} \end{pmatrix}, \quad \nabla H_j(\boldsymbol{x}) = \begin{pmatrix} \dfrac{\partial H_j(\boldsymbol{x})}{\partial x_1} \\ \vdots \\ \dfrac{\partial H_j(\boldsymbol{x})}{\partial x_N} \end{pmatrix} \tag{5.20}$$

なお，逐次 2 次計画法は，自分でプログラムを実装しなくても，SciPy や pyOpt などの Python のライブラリから呼び出すことができる。プログラムの実装については，5.2 節で例題を交えて概説する。

（5）**局所探索に基づく方法**　　発見的手法の中で最も広く知られている手法として，**遺伝的アルゴリズム（GA）**がある。遺伝的アルゴリズムの詳細を解説した書籍は非常に多いので，ここでは局所探索に基づく最適化手法について述べる。遺伝的アルゴリズムのような解集団の進化による方法では，各世代で多くの解を評価しなければならないので，1 つの解の評価に多くの計算量を要する問題には適当ではない。一方，1 つの解を保持して，近傍の局所探索によって改善していく方法は，少ない解の評価で近似最適解を得ることができる。

式 (5.5) に示した関数の最適化を考える。図 5.7 に，関数の等高線と近傍の定義を示す。現在の解を $(x_1, x_2) = (5, 3)$ とする。近傍は，1 つの変数のみを変更する場合は図の白丸の解であり，複数の変数を同時に変更できるものとすると，四角の解も含む。以下では，前者の定義を用いるものとする。

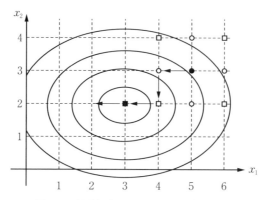

**図 5.7** 局所探索における関数の等高線と近傍の定義

単純な局所探索では，近傍のすべての解を評価し，最も優れた解に移動する。図 5.7 の例では，(5, 3) から (4, 3), (4, 2) へと移動する。つぎに，最適解 (3, 2) に達して，現在の解より優れた解が近傍に存在しないので終了する。この方法を用いると，必ず初期解から近い局所最適解が得られる。したがって，多くの局所最適解が存在する問題では，大域最適解が得られる可能性が低い。このような問題点を克服するためには，以下の 3 つの操作が考えられる。

1. 改悪する解にも移動する。
2. 一度選択した解は選択しない。
3. 探索の初期の段階では遠くの解への移動を可能にする。

上記 1. と 2. を用いる手法に，**タブー探索法**（tabu search, **TS**）がある。TS では，現在の解より優れていなくても，近傍の中の最良解へ移動する。図 5.7 の例では，最適解 (3, 2) の近傍の解 (4, 2), (2, 2), (3, 3), (3, 1) は，いずれも最適解より優れていないが，その中で最良の解 (4, 2) あるいは (2, 2) に移動する。しかし，(4, 2) に移動すると，元の経路に戻るので望ましくない。したがって，すでに探索した解のリスト（タブーリスト）を作成し，その中の解には移動しないことにする。以上より，最適解 (3, 2) から (2, 2) へ移動し，他の局所最適解を探索する。

一方，上記 1. と 3. を用いる手法に，**疑似焼きなまし法**（simulated annealing, **SA**）がある。SA では，近傍の中の解をランダムに選択し，改良する解であれば無条件で移動する。改悪する解であっても，改悪量 $\Delta F$ によって決められた以下のような確率 $P_r$ で移動する。

$$P_r = \exp\left(-\frac{\Delta F}{cT}\right) \tag{5.21}$$

ここで，$c$ は無次元化のためのパラメータ，$T$ は温度と呼ばれるパラメータである。式（5.21）より，改悪量が大きいほど，あるいは温度が小さいほど移動確率は小さくなることがわかる。したがって，最初の段階では温度は大きい値とし，ステップごとに 1 より少し小さい値を乗じて小さくしていくと，局所最適解に収束する。また，単純な局所探索と比べて大域最適解に収束する可能性も高くなる。さらに，最初の段階では遠い解まで選択可能とし，ステップごとに探索範囲を減少させていく場合もある。

発見的手法のアルゴリズムについても，本節で概説した局所探索を含め，Python には豊富なライブラリが用意されている。プログラムの実装については，次節で例題を交えて概説することにする。

## 5.2 建築の最適化

### 5.2.1 建築の最適化問題の概要

建築の分野における最適化問題とは，

- 工期を最小化するための，施工計画最適化問題
- 建物の力学的性能を最大化するための，構造最適化問題
- 採光効率を最大化するための，開口部配置最適化問題
- 収益を最大化するための，宿泊施設の客室単価最適化問題
- 冬至一日に壁面が受ける太陽の熱エネルギーを最大化するための住棟配置最適化問題
- 室間移動距離の和を最小化するための，室配置最適化問題

など，建築計画，構造，設備の分野を横断して，さまざまな問題が考えられる。本節では，建築計画や建築構造での単純な最適化問題を紹介する。

### 5.2.2 建築の最適化問題の例

**（1）施設配置最適化問題**　図 **5.8** に示すような，2 つの都市 A，B との距離の和を最小にするような施設の位置を求める問題を考える[2]。施設と都市の位置を，平面上の座標で定義し，都市 A，B の座標をそれぞれ (2, 4)，(3, 2) とする。この問題は，式 (5.22) のような非線形計画問題として定式化できる。

$$\begin{aligned} \text{minimize} \quad & F(x_1, x_2) = \sqrt{(2-x_1)^2 + (4-x_2)^2} + \sqrt{(3-x_1)^2 + (2-x_2)^2} \\ \text{subject to} \quad & H(x_1, x_2) \equiv 2x_1 + 3x_2 - 7 \leq 0 \\ & -x_1 \leq 0, \quad x_1 - 2 \leq 0, \quad -x_2 \leq 0, \quad x_2 - 2 \leq 0 \end{aligned} \tag{5.22}$$

図 5.8 において，アミかけの領域が，すべての制約を満たす許容領域である。この問題

5. 形態と性能の最適化

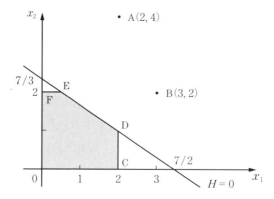

**図 5.8** 都市 A，B の位置と施設の許容領域

を，Python の科学技術計算ライブラリである SciPy を用いて逐次 2 次計画法を用いて解いてみる。

---
**プログラム 5.3** 逐次 2 次計画法を用いて問題 (5.22) を解くプログラム：facility.py

```
import numpy as np   # モジュール numpy を np という名前で読み込み
import csv   # モジュール csv の読み込み
from scipy import optimize   # scipy 内の optimize モジュールを読み込み
filename = 'out2'   # 出力ファイル名
writer = csv.writer(open(filename + '.csv', 'w', newline=''))   # 出力する csv
ファイルの生成
writer.writerow(['step', 'f(x)', 'x1', 'x2'])   # csv ファイルへのラベルの書き込み


def f(x):   # 目的関数の定義
    return ((2 - x[0])**2 + (4 - x[1])**2)**0.5 + ((3 - x[0])**2 + (2 - x[1])
        **2)**0.5


def g(x):   # 制約条件の定義 (>0)
    return np.array([-2 * x[0] - 3 * x[1] + 7, x[0], -x[0] + 2, x[1], -x[1] + 2])


def callbackF(x):   # 最適化の各ステップで計算結果を記録する関数
    global step
    step += 1
    writer.writerow([step, f(x), x[0], x[1]])


x = np.array([0.0, 0.0])
step = 0
writer.writerow([step, f(x), x[0], x[1]])
optimize.fmin_slsqp(f, x, f_ieqcons=g, iprint=2, callback=callbackF)   # 逐次 2
次計画法
```
---

プログラム 5.1 と同様に，計算結果は csv ファイルに出力するようにしている。f(x) に目的関数を，h(x) に制約条件関数を定義している。ただし，SciPy の最適化計算においては，不等式制約はすべて $h(x) \geq 0$ の形で格納されるため，問題 (5.22) の制約条件の符号を

5.2 建 築 の 最 適 化　　119

反転させている。callbackF(x) は，最適化の計算ステップごとに呼び出される関数であ
り，ここで各計算ステップでの目的関数および変数値を出力している。変数の初期値を（0,
0）として，目的関数および変数の初期値を csv ファイルに記録したのち，optimize.
fmin_slsqp の 1 行のみで最適化計算を行っている。このように，ライブラリを用いるこ
とで，非常に簡単に最適化問題を解くことができる。

　なお，逐次 2 次計画法を実行する際には，目的関数および制約関数の勾配の情報が必要と
なるが，これを省略しても，SciPy は差分により勾配ベクトルを自動計算して最適化を実
行してくれる。ただし，勾配の計算を差分に頼る場合には，関数評価の回数が増えるので，
関数評価に多くの計算量を必要とする問題に対しては，勾配を求める関数を定義し，オプ
ションで指定するのがよい。fmin_slsqp の詳細については SciPy の公式マニュアルを参
照されたい。

　プログラム 5.3 を実行して得られた out2.csv は，プログラム 5.2 を改善した以下のプ
ログラム 5.4 によって可視化することができる。

**プログラム 5.4 プログラム 5.2 を問題 (5.22) に合わせて改変したプログラム：plot2.py**

```python
import numpy as np  # モジュール numpy を np という名前で読み込み
import csv  # モジュール csv の読み込み
import matplotlib.pyplot as plt  # モジュール matplotlib の pyplot 関数を plt
# という名前で読み込み

reader = csv.reader(open('out2.csv', 'r'))  # 先ほど出力した output.csv の読み込
み
f_history = []  # 目的関数の履歴
x1_history, x2_history = [], []  # 設計変数の履歴
for row in reader:  # 1 行目はラベル行なので読み飛ばし
    break
for row in reader:
    f_history.append(float(row[1]))  # 目的関数の読み込み
    x1_history.append(float(row[2]))  # 設計変数の読み込み
    x2_history.append(float(row[3]))
plt.figure(figsize=(15, 8))  # グラフ描画キャンバスを横縦比 15：8 で生成
x1 = np.arange(-0.5, 4.5, 0.1)  # 1.25 〜 4.75 まで 0.1 刻みのベクトル
x2 = np.arange(-0.5, 4.5, 0.1)  # 0.25 〜 3.75 まで 0.1 刻みのベクトル
X1, X2 = np.meshgrid(x1, x2)  # x1,x2 を組み合わせた行列
f = np.vectorize(lambda x1, x2: ((2.0-x1)**2+(4.0-x2)**2)**0.5 +
                 ((3.0-x1)**2+(2.0-x2)**2)**0.5)  # x1,x2 を引数として
# 目的関数を返す関数
plt.subplot(1, 2, 1)  # 1 行目の 2 列の並びの 1 列目にグラフを生成
plt.xlabel('x1')  # 水平方向のラベル
plt.ylabel('x2')  # 鉛直方向のラベル
C = plt.contour(X1, X2, f(X1, X2), 20, colors='black')  # 等高線データ生成
plt.clabel(C, inline=1, fontsize=10)  # 等高線図生成
plt.plot(x1_history, x2_history)  # 目的関数の探索経路生成
#__
zero1 = [0.0]*len(x1)
zero2 = [0.0]*len(x2)
two1 = [2.0]*len(x1)
two2 = [2.0]*len(x2)
```

```
h = (-2.0*x1+7.0)/3.0
plt.plot(x1, zero1, '-', color='gray', label=r'$x_1=0$')
plt.plot(zero2, x2, '--', color='gray', label=r'$x_2=0$')
plt.plot(x1, two1, '-.', color='gray', label=r'$x_1-2=0$')
plt.plot(two2, x2, ':', color='gray', label=r'$x_2-2=0$')
plt.plot(x1, h, '.', color='gray', label=r'$2x_1+3x_2-7=0$')
plt.fill([0, 2, 2, 0.5, 0], [0, 0, 1, 2, 2], alpha=0.1)
#__
plt.subplot(1, 2, 2)   # 1行目の2列の並びの2列目にグラフを生成
plt.xlabel('step')   # 水平方向のラベル
plt.ylabel('f(x)')   # 鉛直方向のラベル
plt.plot(f_history)   # 目的関数の履歴図の生成
#(x成分を省略すれば自動的に横軸はstep数となる)
plt.show()   # グラフを画面に表示する
```

ここでは，プログラム 5.2 の reader, x1, x2, f の部分を問題に合わせて改変し，さらに，実行可能領域の図示のために，plt.subplot(1,2,2) の手前の #__ で囲まれた 11 行を追加している．計算過程のグラフ出力結果を**図 5.9** に示す．

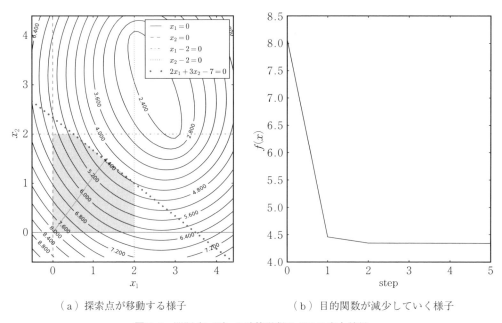

（a）探索点が移動する様子　　　　　　（b）目的関数が減少していく様子

**図 5.9**　問題 (5.22) の計算過程のグラフ出力結果

（**2**）**構造最適化問題**　　構造最適化問題とは，最適化問題を構造設計の分野に適用した問題であり，一般に式 (5.23) のように書ける．

$$\begin{aligned}&\text{minimize} && \text{コスト}\\&\text{subject to} && \text{力学的制約条件}\end{aligned} \quad (5.23)$$

目的関数としてコストを定量化するのは難しいので，全構造重量（あるいは体積）を考えることが多い．この問題は，目的関数と制約条件を入れ替えた以下の問題と等価である．

$$\begin{align}
&\text{minimize} \quad \text{力学的性能} \\
&\text{subject to} \quad \text{コストに関する制約}
\end{align} \tag{5.24}$$

構造最適化の分類には種々の考え方が存在するが，骨組構造の最適化では，「最適設計」は「剛性最適化」の意味で用いられ，例えばトラスの部材断面積が設計変数となる。一方，トラスや骨組の形状は，節点の位置とそれらを接続する部材の配置で決定され，接続関係はトポロジーとも言われる。板構造などの連続体の最適化では，境界の形状を変更することを**形状最適化**，開口の数を変更することを**トポロジー最適化**という。

図5.10に示すような軸力を受ける2部材構造物を考える[1]。荷重$P_1$，$P_2$と変位$U_1$，$U_2$を図5.10のように定め，第$i$部材の応力を$\sigma_i$とし，応力と変位の上限値をそれぞれ$\bar{\sigma}$，$\bar{U}$とする。$P_1$および$P_2$が正のとき，明

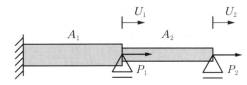

**図 5.10** 軸力を受ける2部材構造物

らかに$U_1 < U_2$だから，変位については$U_2$に対する制約のみを考えると，制約条件式はつぎのように書ける。

$$\begin{align}
&\sigma_1 = \frac{P_1 + P_2}{A_1} \leq \bar{\sigma}, \quad \sigma_2 = \frac{P_2}{A_2} \leq \bar{\sigma} \\
&U_2 = \frac{(P_1 + P_2)L}{A_1 E} + \frac{P_2 L}{A_2 E} \leq \bar{U} \\
&A_1 \geq 0, \quad A_2 \geq 0
\end{align} \tag{5.25}$$

ここで，$E$はヤング係数，$L$は2つの部材で同一の部材長である。

目的関数を次式で定める。

$$F(\boldsymbol{A}) = \alpha_1 A_1 + \alpha_2 A_2 \tag{5.26}$$

ここで，$\alpha_1$，$\alpha_2$は$A_1$，$A_2$に対する重み係数であり，コスト係数ともいわれる。部材体積を最小化するときには$\alpha_1 = \alpha_2 = L$である。

例として，$E = 205\,\text{kN/mm}^2$，$L = 2.0\,\text{m}$，$P_1 = 400\,\text{kN}$，$P_2 = 200\,\text{kN}$，$\bar{\sigma} = 235\,\text{N/mm}^2$，$\bar{U} = 5\,\text{mm}$，$\alpha_1 = \alpha_2 = L$としたときの最適断面を逐次2次計画法で求めてみる。

**プログラム 5.5** 逐次2次計画法による2部材トラスの断面積最適化プログラム：`truss1.py`

```python
import numpy as np  # モジュール numpy を np という名前で読み込み
import csv  # モジュール csv の読み込み
from scipy import optimize  # scipy 内の optimize モジュールを読み込み
filename = 'out3'  # 出力ファイル名
writer = csv.writer(open(filename + '.csv', 'w'))  # 出力する csv ファイルの生成
writer.writerow(['step', 'F(A)[mm3]', 'A1[mm2]', 'A2[mm2]',
                 'sigma1[N/mm2]', 'sigma2[N/mm2]', 'U2[mm]'])  # csv ファイルへのラベルの書き込み
E = 205000.0  # 各種力学量の設定
L = 2.0 * 1.0e+3
P1 = 400.0 * 1.0e+3
```

*122*　　5. 形態と性能の最適化

```python
P2 = 200.0 * 1.0e+3
sigma_bar = 235.0
u_bar = 5.0
a1 = L * 1.0
a2 = L * 1.0
A = np.array([3000.0, 3000.0])  # 断面積の初期値


def f(A):  # 目的関数の定義
    return a1 * A[0] + a2 * A[1]


def g(A):  # 制約条件の定義
    sigma1 = sigma_bar - (P1 + P2) / A[0]
    sigma2 = sigma_bar - P2 / A[1]
    u2 = u_bar - (P1 + P2) * L / A[0] / E - P2 * L / A[1] / E
    return np.array([sigma1, sigma2, u2, A[0], A[1]])


def callbackF(A):  # 最適化の各ステップで呼び出される関数
    global step
    step += 1
    cons = g(A)
    writer.writerow([step, f(A), A[0], A[1], sigma_bar - cons[0],
                     sigma_bar - cons[1], u_bar - cons[2]])
step = 0
cons = g(A)
writer.writerow([step, f(A), A[0], A[1], sigma_bar - cons[0], sigma_bar -
                 cons[1], u_bar - cons[2]])
optimize.fmin_slsqp(f, A, f_ieqcons=g, iprint=2,
                    callback=callbackF, iter=10000)  # 逐次2次計画法
```

　最適化結果は out3.csv に出力され，まとめると**表5.1**のようになる。最適解では応力制約だけが等号で満たされている。

　続いて，同じ問題を SA を用いて解いてみる。SA を適用するにあたり，ペナルティー法

**表5.1**　プログラム5.5の実行結果

|  | $F(\boldsymbol{A})$ 〔mm$^3$〕 | $A_1$ 〔mm$^2$〕 | $A_2$ 〔mm$^2$〕 | $\sigma_1$ 〔N/mm$^2$〕 | $\sigma_2$ 〔N/mm$^2$〕 | $U_2$ 〔mm〕 |
|---|---|---|---|---|---|---|
| 初期解 | 12 000 000 | 3 000.00 | 3 000.00 | 200.00 | 66.67 | 2.60 |
| 最適解 | 6 808 510 | 2 553.19 | 851.06 | 235.00 | 235.00 | 4.59 |

を用いて制約条件式 (5.25) を目的関数に組み込んだ，最適化問題 (5.27) を考える。

$$\text{minimize} \quad F^*(\boldsymbol{A}) = a_1 A_1 + a_2 A_2 + r_1 C_1 + r_2 C_2 + r_3 C_3 + r_4 C_4 + r_5 C_5$$

$$C_1 = \max\left\{\bar{\sigma} - \frac{P_1 + P_2}{A_1}, 0\right\}, \quad C_2 = \max\left\{\bar{\sigma} - \frac{P_2}{A_2}, 0\right\}$$

$$C_3 = \max\left\{\bar{U} - \frac{(P_1 + P_2)L}{A_1 E} - \frac{P_2 L}{A_2 E}, 0\right\},$$

$$C_4 = \max\{A_1, 0\}, C_5 = \max\{A_2, 0\}$$

$$(5.27)$$

ここで，$r_i$ $(i=1,\ \cdots,\ 5)$ はペナルティ係数である。$r_i = 1.0 \times 10^{10}$ とした場合の SA による最適化プログラムをつぎに示す。

─────── プログラム 5.6 **SA による問題 (5.27) の最適化プログラム**：truss2.py ───────

```python
# 文字コードエラーを避けるために以下の設定が必要
import io
import sys
sys.stdout = io.TextIOWrapper(sys.stdout.buffer, encoding='utf-8')
sys.stderr = io.TextIOWrapper(sys.stderr.buffer, encoding='utf-8')


import numpy as np   # モジュール numpy を np という名前で読み込み
import random
import math # モジュール random,math を読み込み
from scipy import optimize
E = 205000.0
L = 2.0 * 1.0e+3
P1 = 400.0 * 1.0e+3
P2 = 200.0 * 1.0e+3
sigma_bar = 235.0
u_bar = 5.0
a1 = L * 1.0
a2 = L * 1.0
penalty = 1.0e+10
A0 = np.array([3000.0, 3000.0])


def f(A):
    cons = g(A)
    return a1 * A[0] + a2 * A[1] + penalty * (max(-cons[0], 0) + max(-cons[1], 0) +
                                              max(-cons[2], 0) + max(-cons[3], 0) +
                                              max(-cons[4], 0))


def g(A):
    sigma1 = sigma_bar - (P1 + P2) / A[0]
    sigma2 = sigma_bar - P2 / A[1]
    u2 = u_bar - (P1 + P2) * L / A[0] / E - P2 * L / A[1] / E
    return np.array([sigma1, sigma2, u2, A[0], A[1]])
nstep, cool, shrink, scale, temp, delta, nb = 1000, 0.99, 0.99, 0.01, 1.0, 3000.0, 10
# ステップ数，温度を減らす割合，探索範囲を縮小する割合，変数のスケーリング parameter,
温度の初期化，探索範囲の初期化，近傍解の数
objopt = f(A0)   # 目的関数の最適値の初期化
random.seed(1000)    # 乱数の初期化
obj0 = f(A0)   # 目的関数の計算
# 設計変数と目的関数の履歴保存用
A0_history = [A0[0]]
A1_history = [A0[1]]
f_history = [obj0]
for k in range(nstep):
    print('-------- ステップ: ', k)
    print(' 温度 ', temp, ' 探索範囲 ', delta, ' 変数 ', A0, ' 目的関数 ', obj0, '
暫定値 ', objopt)
    # 近傍解の評価
    obj1 = 1.0e10
    for n in range(nb):
```

```
            A = [A0[0] + (random.random() - 0.5) * delta,
                 A0[1] + (random.random() - 0.5) * delta]
            obj = f(A)   # 目的関数の計算
            if(obj < obj1):   # 最適な近傍解を選択
                obj1 = obj
                A1 = list(A)
        print(' 最適近傍解 ', A, ' 目的関数 ', obj1)
        A0_history.append(A[0])
        A1_history.append(A[1])
        f_history.append(obj1)
        diff = obj1 - obj0   # 目的関数の増分
        if(diff < 0):   # 増分が負のとき目的関数と解を更新
            obj0 = obj1
            A0 = A1
        else:   # 増分が 0 または正のとき
            prob = math.exp(-diff / temp / scale)   # 更新確率の計算
            ran = random.random()
            if(ran < prob):   # 乱数が更新確率より小さいとき目的関数と解を更新
                obj0 = obj1
                A0 = A1
        temp = temp * cool   # 温度の更新
        delta = delta * shrink   # 探索範囲の更新
        if(obj1 < objopt):   # 最適値の更新
            objopt = obj1
            optstep = k
            Aopt = A1
print('==========================')
print(' 最適目的関数値 ', objopt, ' ステップ ', optstep, ' 変数 ', Aopt)
```

最適化結果は，おおむね逐次 2 次計画法による最適化結果と一致する。

## 5.3 形態の最適化

### 5.3.1 最適化手法を用いた建築形態設計の概要

トラスのトポロジー最適化において，一般的に用いられている**グランドストラクチャ法**では，図 5.11 に示すように，存在可能なすべての節点間を部材で接続した構造であるグランドストラクチャから不要な部材を取り除いて，最適なトポロジーを求める。

シェル構造物の最適化については 1960 年代から研究されており，初期の頃は，球形シェルや円筒シェルなどの解析的形状のシェルの塑性崩壊を対象としていた。その後，1990 年

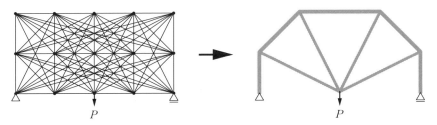

図 5.11　グランドストラクチャ法によるトポロジー最適化の例[3]

代になってから，ラチスシェル構造物も含めて，ベジエ曲面や NURBS 曲面などのパラメトリック曲面を用いた手法が提案されている。正方形平面を有するシェルの形状を，5 × 5 次のテンソル積ベジエ曲面で表現したシェル構造物の例を**図 5.12** に示す。

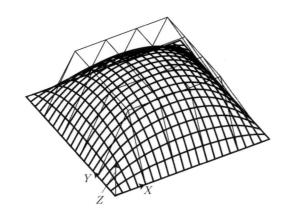

**図 5.12** ベジエ曲面で表現したシェル構造物の例

本節では建築形態の最適化の例として，グランドストラクチャ法による平面トラスのトポロジー最適化と，パラメトリック曲面を用いたシェル構造の形状最適化について概説する。

### 5.3.2 形態最適化の例

**(1) 平面トラスのトポロジー最適化**　　$m$ 個の部材からなる自由度 $n$ のトラス構造を考える。節点外力ベクトルを $P$，節点変位ベクトルを $U$，全体剛性行列を $K$，部材 $e$ の長さと断面積をそれぞれ $l_e$, $a_e$ とすると，部材体積の上限値 $\bar{V}$ を指定したトラスの剛性最大化問題は式 (5.28) で定式化できる。

$$\text{minimize} \quad P^\mathrm{T} U \tag{5.28a}$$

$$\text{subject to} \quad KU = P \tag{5.28b}$$

$$\sum_{e=1}^{m} l_e a_e \leq \bar{V} \tag{5.28c}$$

目的関数 (5.28a) は外力の仕事量であり，**コンプライアンス**と呼ばれる。外力は一定であるから，コンプライアンスを最小化することにより，変位分布を最小化することができるため，剛性最大化問題の目的関数としてコンプライアンスが広く用いられている。制約条件式 (5.28c) は体積制約である。

式 (5.28a) に式 (5.28b) を代入して，問題 (5.1) の形に整理すると，つぎのようになる。

$$\text{minimize} \quad F(\boldsymbol{a}) = U^\mathrm{T} K U \tag{5.29a}$$

$$\text{subject to} \quad H(\boldsymbol{a}) = \sum_{e=1}^{m} l_e a_e - \bar{V} \leq 0 \tag{5.29b}$$

上記の最適化問題を，逐次 2 次計画法で解くためには，$F(\boldsymbol{a})$, $H(\boldsymbol{a})$ の設計変数 $\boldsymbol{a}$ に関する微分係数 $\nabla F(\boldsymbol{a})$, $\nabla H(\boldsymbol{a})$ を計算する必要がある。

まず，$\nabla F(\boldsymbol{a}) = (\partial F/\partial a_1, \cdots, \partial F/\partial a_m)^{\mathrm{T}}$ の成分は

$$\frac{\partial F}{\partial a_e} = 2\boldsymbol{U}^{\mathrm{T}}\boldsymbol{K}\frac{\partial \boldsymbol{U}}{\partial a_e} + \boldsymbol{U}^{\mathrm{T}}\frac{\partial \boldsymbol{K}}{\partial a_e}\boldsymbol{U} \tag{5.30}$$

となる。$\boldsymbol{U}$ は剛性方程式を解いて得られる量なので，直接 $\partial \boldsymbol{U}/\partial a_e$ を計算するのは難しい。そこで，式 (5.28b) の両辺を $a_e$ で微分した式が

$$\frac{\partial \boldsymbol{K}}{\partial a_e}\boldsymbol{U} + \boldsymbol{K}\frac{\partial \boldsymbol{U}}{\partial a_e} = \frac{\partial \boldsymbol{P}}{\partial a_e} \tag{5.31}$$

となることを用い，つぎのように変形する。

$$\frac{\partial F}{\partial a_e} = 2\boldsymbol{U}^{\mathrm{T}}\frac{\partial \boldsymbol{P}}{\partial a_e} + \boldsymbol{U}^{\mathrm{T}}\frac{\partial \boldsymbol{K}}{\partial a_e}\boldsymbol{U} \tag{5.32}$$

$\nabla F(\boldsymbol{a}) = (\partial H/\partial a_1, \cdots, \partial H/\partial a_m)^{\mathrm{T}}$ の成分は次式で計算できる。

$$\frac{\partial H}{\partial a_e} = l_e \tag{5.33}$$

以上をふまえ，**図 5.13** に示すトラスのトポロジーを最適化してみる。交差する斜材はたがいに接続されていないことに注意し，入力ファイルをつぎのように作成して `model1.csv` という名前で保存する。

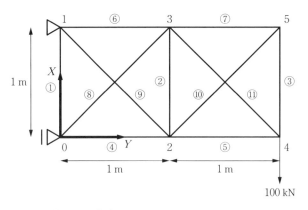

**図 5.13** 平面トラスのグランドストラクチャ
(`model1.csv`)

`model1.csv`

```
x[m],y[m]
0,0
0,1
1,0
1,1
2,0
2,1
,
I,J,Cross Section,Young modulus
```

```
0,1,0.002,210000000
2,3,0.002,210000000
4,5,0.002,210000000
0,2,0.002,210000000
2,4,0.002,210000000
1,3,0.002,210000000
3,5,0.002,210000000
0,3,0.002,210000000
1,2,0.002,210000000
2,5,0.002,210000000
3,4,0.002,210000000
,
Fix No.,X,Y
0,1,0
1,1,1
,
Load No.,X,Y
4,0,-100
```

このデータは，上から順に，節点0，節点1，…，節点5まで合計6個の節点の $X$, $Y$ 座標がまず並び，その後，部材節点関係，断面積とヤング係数が並ぶ形式となっている．例えば，0, 1, 0.002, 210 000 000 は，断面積 $0.002\,\mathrm{m}^2$，ヤング係数 $2.1\times 10^8\,\mathrm{kN/m}^2$ の部材が節点0と節点1をつないでいることを表す．そのつぎは，境界条件の情報であり，1が拘束，0は自由である．すなわち，0, 1, 0 は，節点0の $X$ 方向の自由度のみが拘束されていることを示し（ローラー支点），1, 1, 1 は節点1が $X$ 方向，$Y$ 方向ともに拘束されていることを示す（ピン支点）．最後の項目は，節点外力であり，4, 0, -100 として，節点4の $Y$ 方向に $-100\,\mathrm{kN}$ の集中荷重を与えている．

最適化問題 (5.29) を解くには，まず，全体剛性行列 $\boldsymbol{K}$ を作成する必要がある．トラス部材の角度，局所座標，全体座標，変位成分などを**図 5.14** のように定めると，局所座標に関する部材剛性方程式は次式で表される．

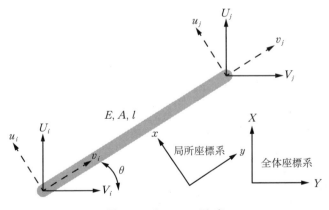

**図 5.14** トラス要素

128    5. 形態と性能の最適化

$$ku = p \tag{5.34a}$$

$$k = \frac{EA}{l}\begin{pmatrix} 1 & 0 & -1 & 0 \\ 0 & 0 & 0 & 0 \\ -1 & 0 & 1 & 0 \\ 0 & 0 & 0 & 0 \end{pmatrix}, \quad u = \begin{pmatrix} u_i \\ v_i \\ u_j \\ v_j \end{pmatrix}, \quad p = \begin{pmatrix} p_i \\ p_i \\ p_j \\ p_j \end{pmatrix} \tag{5.34b}$$

ここで，$E$, $A$, $l$ はそれぞれ現在着目している部材のヤング係数，断面積，部材長さであり，$u$, $p$ はそれぞれ部材座標系における節点変位ベクトル，節点外力ベクトルである。$k$ は**部材剛性行列**であり，つぎのように分解できる。

$$k = \frac{EA}{l} bb^{\mathrm{T}}, \quad b = (1 \ 0 \ -1 \ 0)^{\mathrm{T}} \tag{5.35}$$

全体座標から局所座標への変換行列 $T$ は，つぎのように書ける。

$$T = \begin{pmatrix} \cos\theta & \sin\theta & 0 & 0 \\ -\sin\theta & \cos\theta & 0 & 0 \\ 0 & 0 & \cos\theta & \sin\theta \\ 0 & 0 & -\sin\theta\cos\theta & 0 \end{pmatrix} \tag{5.36}$$

局所座標から全体座標への変換行列は $T^{\mathrm{T}}$ であり，部材 $e$ のベクトル $b_e$ を $\overline{b}_e = T^{\mathrm{T}} b_e$ により全体座標系に変換する。部材 $e$ の $i$, $j$ 節点の $X$, $Y$ 方向の自由度番号をそれぞれ $i_X$, $i_Y$, $j_X$, $j_Y$ とし，$\overline{b}_e$ の 4 成分を $i_X$, $i_Y$, $j_X$, $j_Y$ 行目にもち，その他が 0 の疎な $n$ 個の要素をもつベクトルを $B_e$ とすれば，**全体剛性行列**は次式で計算可能である。

$$K = \sum_{e=1}^{m} \frac{E_e A_e}{l_e} B_e B_e^{\mathrm{T}} \tag{5.37}$$

ここで，下添え字の $e$ は，要素 $e$ に関する値であることを表している。入力ファイルを読み込み $K$ を作成する関数をまとめたモジュールを，つぎのように作成する。

──────── プログラム5.7 トラスの剛性行列を作成するモジュール：truss3.py ────────

```python
import numpy as np
import csv
import math


def input(fname):  # トラスの読み込み
    reader = csv.reader(open(fname, 'r'))
    # 節点座標，要素節点関係，断面積，ヤング係数，境界条件，荷重ベクトル
    r, ij, A, E, fix, p = [], [], [], [], [], []
    for row in reader:  # 節点の読み込み
        break  # 先頭行は読み飛ばし
    for row in reader:
        if row[0] == '':
            break
        r.append([float(row[0]), float(row[1])])
    nod, r = len(r), np.array(r)  # 節点数, list → array 変換
    for row in reader:  # 要素節点関係の読み込み
        break  # 先頭行は読み飛ばし
```

5.3 形態の最適化　　*129*

```python
        for row in reader:
            if row[0] == '':
                break
            ij.append([int(row[0]), int(row[1])])
            A.append(float(row[2]))
            E.append(float(row[3]))
        nel, A, E = len(ij), np.array(A), np.array(
            E)   # 要素数,list → array変換,list → array変換
        for row in reader:   # 境界条件の読み込み
            break   # 先頭行は読み飛ばし
        for row in reader:
            if row[0] == '':
                break
            fix.append([int(row[0]), int(row[1]), int(row[1])])
        p = np.zeros(nod * 2)
        for row in reader:   # 集中荷重の読み込み
            break   # 先頭行は読み飛ばし
        for row in reader:
            if row[0] == '':
                break
            p[int(row[0]) * 2:(int(row[0]) + 1) * 2] =\
                [float(row[1]), float(row[2])]
    return r, nod, ij, nel, A, E, fix, p


def length(r, ij, nel):   # 要素長さを計算
    lgh = [math.sqrt((r[ij[i][0], 0] - r[ij[i][1], 0])**2 +
                     (r[ij[i][0], 1] - r[ij[i][1], 1])**2) for i in
                      range(nel)]
    return np.array(lgh)


def transmatrix(l, r1, r2):   # 座標変換行列を求める
    tr = np.matrix([[0.0] * 4] * 4)
    lx, ly = r2[0] - r1[0], r2[1] - r1[1]
    cos, sin = lx / l, ly / l
    tr[0, 0], tr[1, 1], tr[2, 2], tr[3, 3] = cos, cos, cos, cos
    tr[1, 0], tr[3, 2], tr[0, 1], tr[2, 3] = -sin, -sin, sin, sin
    return tr


def boundary_condition(fix):   # 境界条件の指定
    remove = []
    for i in fix:
        if i[1] == 1:
            remove.append(i[0] * 2)
        if i[2] == 1:
            remove.append(i[0] * 2 + 1)
    return remove


def global_b(r, nod, ij, nel, lgh, remove):   # 全体座標系でのbベクトル作成
    b0, b_g = np.zeros([4]), np.zeros([2 * nod, nel])
    b0[0], b0[2] = 1.0, -1.0
    eln = 0
    for i_j in ij:
```

*130*　　5. 形態と性能の最適化

```
        ni, nj = i_j[0], i_j[1]
        trans = transmatrix(lgh[eln], r[ni, :], r[nj, :])
        b = np.dot(trans.T, b0)   # 全体座標系に変換
        b_g[ni * 2:(ni + 1) * 2, eln] += [b[0, 0], b[0, 1]]   # i 節点の自由度番
号位置に格納
        b_g[nj * 2:(nj + 1) * 2, eln] += [b[0, 2], b[0, 3]]   # j 節点の自由度番
号位置に格納
        eln += 1
    return np.delete(np.matrix(b_g), remove, 0)   # 拘束節点自由度に対応する行を消去


def make_k(E, a, l, b, nel):   # 全体剛性行列の作成
    K = sum([E[e] * a[e] / l[e] * b[:, e].dot(b[:, e].T) for e in range(nel)])
    return K
```

ここで，inputは，csvファイル名を引数として入力データを読み込み，節点座標，節点
数，部材節点関係，部材数，断面積，ヤング係数，境界条件情報，節点外力を返す関数であ
る。また，boundary_conditionは，拘束節点自由度番号，lengthは部材長を返す関数
である。transmatrix, global_b, make_kは，それぞれ行列 *T*, *B*, *K* をそれぞれ計算
する関数である。

モジュールtruss3を用いて，最適化問題 (5.29) を逐次 2 次計画法によって解くプログ
ラムは，つぎのように実装される。

────── **プログラム 5.8 問題 (5.29) を逐次 2 次計画法で解くプログラム：mainopt.py** ──────

```
import numpy as np
import truss3                    # truss3.py をモジュールとしてインポート
import matplotlib.pyplot as plt
from mpl_toolkits.mplot3d import Axes3D
from mpl_toolkits.mplot3d import proj3d
from scipy import sparse
from scipy import optimize
filename = 'model2.csv'
r, nod, ij, nel, A, E, fix, p = truss3.input(filename)



def plot_shape(r, ij, nel, a, scale):
    a = a / max(a) * scale
    [plt.plot([r[ij[e][0], 0], r[ij[e][1], 0]],
              [r[ij[e][0], 1], r[ij[e][1], 1]],
              c='b', lw=round(a[e], 2)) for e in range(nel)]
    plt.xlim([min(r[:, 0]) - 0.1, max(r[:, 0]) + .1])
    plt.ylim([min(r[:, 1]) - .1, max(r[:, 1]) + .1])
    plt.gca().set_aspect('equal', adjustable='box')
    plt.savefig(filename + '.eps')
    plt.show()
plot_shape(r, ij, nel, A, 1)   # 初期形状の確認
lgh = truss3.length(r, ij, nel)
v_bar = 0.02
remove = truss3.boundary_condition(fix)
p = truss3.np.delete(p, remove, 0)     # 境界条件を考慮した荷重ベクトルと剛性行列係数
nf = len(p)  # 自由度
```

```python
b = truss3.global_b(r, nod, ij, nel, lgh, remove)


def f(x, nel, p, b, E, lgh):                # 目的関数
    K = sparse.csr_matrix(truss3.make_k(E, x, lgh, b, nel))
    u = sparse.linalg.spsolve(K, p)
    return p.dot(u)


def df(x, nel, p, b, E, lgh):    # 目的関数の微分係数
    K = sparse.csr_matrix(truss3.make_k(E, x, lgh, b, nel))
    u = sparse.linalg.spsolve(K, p)
    print(p.dot(u))
    return [-u.dot(E[e] / lgh[e] * b[:, e].dot(b[:, e].T)).dot(u) for e in
    range(nel)]


def h(x, nel, lgh, v_bar):                  # 制約関数
    v = sum([lgh[e] * x[e] for e in range(nel)])
    return [v_bar - v]


def dh(x, nel, lgh, v_bar):                 # 制約関数の微分係数
    return -lgh


bnd = np.zeros([nel, 2])
for i in range(nel):
    bnd[i, 0], bnd[i, 1] = 1.0e-10, 1.0e+10
A = optimize.minimize(f, A, args=(nel, p, b, E, lgh), jac=df, method='SLSQP',
                      constraints=({'type': 'ineq', 'fun': h, 'jac': dh,
                                    'args': (nel, lgh, v_bar)}), bounds=bnd,
                                   options={'eps': 1e-10, 'ftol':
                                   'maxiter': 100000,
plot_shape(r, ij, nel, A, 10)
```

関数 f において目的関数を計算する際には，剛性方程式 $\boldsymbol{K}\boldsymbol{U} = \boldsymbol{P}$ を解く必要がある。一般に，$\boldsymbol{K}$ はゼロの成分が多い疎行列であるため，sparse.csr_matrix によって，非ゼロの情報のみを格納する行列に変換したうえで，sparse.linalg.spsolve によって高速に $\boldsymbol{U}$ の計算を行っている。df, h, dh はそれぞれ $\nabla F(\boldsymbol{a})$，$H(\boldsymbol{a})$，$\nabla H(\boldsymbol{a})$ を計算する関数である。

$\nabla F(\boldsymbol{a})$ において，$\boldsymbol{P}$ は断面積によらず一定であるので，式 (5.32) の第 2 項は 0 であり，第 2 項の $\partial \boldsymbol{K}/\partial a_e$ は，式 (5.37) より

$$\frac{\partial \boldsymbol{K}}{\partial a_e} = \frac{E_e}{l_e} \boldsymbol{B}_e \boldsymbol{B}_e^{\mathrm{T}} \tag{5.38}$$

となる。

プログラム truss3.py において，最適化計算を行っているのは optimize.minimize(...) の部分のみである。minimize は SciPy の最適化モジュールに含まれる関数であり，引数の 1 番目と 2 番目は必ず目的関数，変数とする。引数の 3 番目以降は順不同である。args

は，目的関数の引数が変数以外の定数を含む場合に指定する。ここでは，目的関数 f の引数は (x,nel,p,b,E,lgh) であるため，変数である x を除いた (nel,p,b,E,lgh) を指定している。

jac には，目的関数の変数に関する微分係数を求める関数を指定する。なお jac を指定しなかった場合には，差分によって自動的に微分係数を近似計算する。method='SLSQP' で最適化のアルゴリズムに逐次2次計画法を指定している。constraints は制約条件の情報であり，不等式制約であるので，'type':'ineq' としている。optimize.minimize では，不等式制約を $H_i(a) \geq 0$ の形式で与えるため，$H(a)$，$\nabla H(a)$ の符号が式 (5.28c) および式 (5.33) と逆になっていることに注意する。

bounds は変数の上下限値である。剛性行列が特異になるのを防ぐため，断面積の下限値は 0 とはせず，0 にきわめて近い正の実数を与えている（プログラムでは $1.0 \times 10^{-10}$）。options でオプションパラメータを指定し，最後に .x とすることで，戻り値を設計変数とすることができる。なお，詳細は SciPy の公式サイトを参照されたい。

method='SLSQP' を指定して minimize 関数を実行することは，プログラム 5.3 で学習した関数 fmin_slsqp を実行することと等価である。後者の方がソースコード上はすっきりとするが，f と h で共通のパラメータ（args）を与えなければならないという制限があるため，ここでは，f と h でパラメータを独立に指定することのできる minimize 関数を用いてプログラミングを行っている。mainopt.py の実行結果は図 5.15 のようになる。

入力ファイルを変更することで，さまざまなトラスのトポロジーを最適化できる。最適化

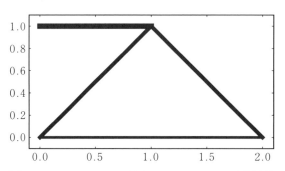

図 5.15　model1.csv に対する mainopt.py の実行結果

の例として，先ほどよりも少し規模の大きい，中央集中荷重を受けるアーチのグランドストラクチャ（図 5.16）のようなモデルに対する mainopt.py の実行結果を図 5.17 に示す。なお，逐次2次計画法により得られる解は局所最適解であるので，断面積の初期値（ここでは一律に 0.002）の与え方しだいでは，図 5.17 とは異なる解へ収束する場合もある。

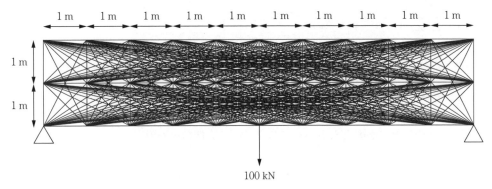

**図 5.16** 中央集中荷重を受けるアーチのグランドストラクチャ

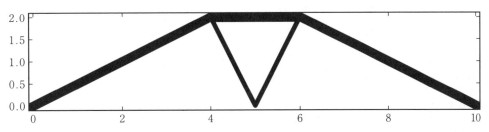

**図 5.17** 図 5.16 に対する mainopt.py の実行結果

**（2）近似極小曲面の創生**　与えられた境界条件に対し，面積を極小・最小にするような曲面を**極小曲面**と呼び，枠に張られた石鹸膜などがある．建築においては，膜構造の設計において，しわや緩みを生じない等張力曲面として，極小曲面が利用されている．ここでは，3.2 節で述べたテンソル積ベジエ曲面に最適化手法適用し，境界を除く制御点の鉛直方向座標 $\bm{q}_z^*$ を設計変数として，曲面の面積 $S$ を最小化する最適化問題 (5.39) を解く．

$$\text{minimize} \quad S(\bm{q}_z^*) \tag{5.39}$$

これにより，近似的に極小曲面を作り出すことができる[4]．テンソル積ベジエ曲面の面積 $S$ は，パラメータを $u, v \in [0, 1]$ とすれば

$$\begin{aligned}
S &= \int_0^1 \int_0^1 \sqrt{EG - F^2}\, du dv \\
E &= \frac{\partial x}{\partial u} \cdot \frac{\partial x}{\partial u} + \frac{\partial y}{\partial u} \cdot \frac{\partial y}{\partial u} + \frac{\partial z}{\partial u} \cdot \frac{\partial z}{\partial u} \\
F &= \frac{\partial x}{\partial u} \cdot \frac{\partial x}{\partial v} + \frac{\partial y}{\partial u} \cdot \frac{\partial y}{\partial v} + \frac{\partial z}{\partial u} \cdot \frac{\partial z}{\partial v} \\
G &= \frac{\partial x}{\partial v} \cdot \frac{\partial x}{\partial v} + \frac{\partial y}{\partial v} \cdot \frac{\partial y}{\partial v} + \frac{\partial z}{\partial v} \cdot \frac{\partial z}{\partial v}
\end{aligned} \tag{5.40}$$

で計算できる（引数は記述の簡単のため省略）．ここで，$x, y, z$ は次式で与えられる（記号の定義は 3.2 節参照）．

**134**　　5. 形態と性能の最適化

$$x = \sum_{i=0}^{n} \sum_{j=0}^{m} R_{x,i,j} B_i^n(u) B_j^m(v)$$

$$y = \sum_{i=0}^{n} \sum_{j=0}^{m} R_{y,i,j} B_i^n(u) B_j^m(v) \quad \boldsymbol{R}_{ij} = (R_{x,i,j} \quad R_{y,i,j} \quad R_{z,i,j})^{\mathrm{T}} \tag{5.41}$$

$$z = \sum_{i=0}^{n} \sum_{j=0}^{m} R_{z,i,j} B_i^n(u) B_j^m(v)$$

なお，上式の計算に必要となるバーンスタイン基底関数のパラメータに関する導関数は，つぎのように陽に計算可能である。

$$\frac{\partial B_i^n(u)}{\partial u} = \frac{(n-1)!}{(i-1)!(n-i)!} u^{i-2}(1-u)^{n-i-1}\{(1-n)u + i - 1\} \tag{5.42}$$

問題 (5.39) を解くプログラムは，形態を生成するプログラム bezier.py とメインプログラム main.py の 2 つにより構成される。bezier.py はつぎのようになる。

―――――――――― プログラム 5.9 形態解析を行うプログラム：`bezier.py` ――――――――――

```python
import numpy as np  # モジュール numpy を np という名前で読み込み
import csv  # モジュール csv の読み込み
from numba.decorators import jit  # just-in time コンパイラの読み込み #
import matplotlib.pyplot as plt  # モジュール matplotlib の pyplot 関数を
# plt という名前で読み込み
from mpl_toolkits.mplot3d import Axes3D  # matplotlib の 3 次元モジュール
from mpl_toolkits.mplot3d import proj3d  # matplotlib の 3 次元モジュール


@jit
def bernstein(t, n, i):  # bernstein 既定関数の定義
    cn, ci, cni = 1.0, 1.0, 1.0
    for k in range(2, n, 1):
        cn = cn * k
    for k in range(1, i, 1):
        if i == 1:
            break
        ci = ci * k
    for k in range(1, n - i + 1, 1):
        if n == i:
            break
        cni = cni * k
    j = t**(i - 1) * (1 - t)**(n - i) * cn / (ci * cni)
    return j


@jit
def d_bern(t, n, i):  # bernstein 既定関数の微分の定義
    cn, ci, cni = 1.0, 1.0, 1.0
    for k in range(2, n, 1):
        cn = cn * k
    for k in range(1, i, 1):
        if i == 1:
            break
        ci = ci * k
    for k in range(1, n - i + 1, 1):
```

5.3 形態の最適化    135

```python
        if n == i:
            break
        cni = cni * k
    j = t**(i - 2) * (1 - t)**(n - i - 1) * cn * \
        ((1 - n) * t + i - 1) / (ci * cni)
    return j


@jit
def bezierplot(n,m,u,v,cp):   # bezier 曲面の定義
    xyz = np.zeros([len(u), len(v), 3])
    for k in range(len(u)):
        for l in range(len(v)):
            for i in range(n):
                bu = bernstein(u[k], n, i+1)
                for j in range(m):
                    bv = bernstein(v[l], m, j+1)
                    xyz[k,l,:] += cp[i, j, :] * bu * bv
    return xyz



@jit
def EGF(n, m, u, v, cp):   # bezier 曲面の面積を求める関数
    z1, z2 = np.zeros(3), np.zeros(3)
    for i in range(n):
        bu, dbu = bernstein(u, n, i+1), d_bern(u, n, i+1)
        for j in range(m):
            bv, dbv = bernstein(v, m, j+1), d_bern(v, m, j+1)
            z1 += cp[i, j, :] * dbu * bv
            z2 += cp[i, j, :] * bu * dbv
    E, G, F = z1.dot(z1), z2.dot(z2), z1.dot(z2)
    return (abs(E * G - F**2))**0.5

def orthogonal_transformation(zfront, zback):   # 曲面の描画を透視投影から平行投影
に変更
    a, b, c = 2 / (zfront - zback), -1 * (zfront + zback) / \
        (zfront - zback), zback
    return np.array([[1, 0, 0, 0], [0, 1, 0, 0], [0, 0, a, b], [0, 0, 0, c]])


def plot_shape(n, m, cp, limit):   # bezier 曲面を描画する関数
    proj3d.persp_transformation = orthogonal_transformation
    u, v = np.arange(0, 1 + 0.1, 0.1), np.arange(0, 1 + 0.1, 0.1)   # パラメー
タ生成
    s = bezierplot(n, m, u, v, cp)   # bezier 曲面生成
    fig = plt.figure()
    ax = Axes3D(fig)
    ax.set_axis_off()
    ax.set_aspect('equal')
    ax.set_xlim(limit[0], limit[1])
    ax.set_ylim(limit[2], limit[3])
    ax.set_zlim(limit[4], limit[5])
    ax.plot_surface(s[:, :, 0], s[:, :, 1], s[:, :, 2], rstride=1, cstride=1,
    color='yellow')   # bezier 曲面の描画
    ax.plot_wireframe(cp[:, :, 0], cp[:, :, 1], cp[:, :, 2], color='red',
    linestyle='dashed')   # 制御多面体描画
```

*136*    5. 形態と性能の最適化

```
ax.scatter3D(cp[:, :, 0], cp[:, :, 1], cp[:, :, 2], c='green', s=25)
# 制御点の描画
plt.show()
```

このプログラムは，3章のプログラム 3.4 に，式 (5.40) と式 (5.42) の関数を加えたものである。ただし，曲面の描画については，各方向の制御点数と制御点座標，ならびに図の描画範囲を引数として plot_shape(nu,nv,cp,limit) という関数に変更している。また，Python のようなインタプリタでは，ループ計算がコンパイラ言語と比べて遅いため，**numba** というライブラリから **jit** というモジュールを利用している。jit とは，JIT（just-in-time）コンパイラを利用するモジュールであり，各関数の前に @jit と記述することによって利用できる。

JIT コンパイラは表面上はインタプリタとして動作するが，実際には内部でコンパイルを行いメモリ上に生成した機械語のコードが実行されるため，計算の高速化が可能となる。ただし，外部モジュールが入り組んだ複雑な関数などはコンパイルできないことが多く，適用できる関数は限定される。

最適化を実行するプログラムはつぎのようになる。

―――――― プログラム 5.10 近似極小曲面を生成するプログラム：**bezieropt.py** ――――――

```
import bezier
import csv  # bezier.py およびモジュール csv の読み込み
import numpy as np  # モジュール numpy を np という名前で読み込み
import scipy as sp  # モジュール scipy を sp という名前で読み込み
from scipy import optimize  # scipy 内の optimize モジュールを読み込み
from scipy import integrate  # scipy 内の integrate モジュールを読み込み


filename = 'input1'  # 制御点座標情報を格納した入力ファイル名
reader = csv.reader(open(filename + '.csv', 'r'))  # 入力ファイルの読み込み
next(reader)  # 先頭行は読み飛ばし
row = next(reader)[0:2]
n, m = int(row[0]), int(row[1])  # u,v 方向の制御点数
next(reader)  # 1 行読み飛ばし
cp = np.zeros([n, m, 3])
for i in range(n):
    for j in range(m):
        cpi = next(reader)[0:3]
        cp[i, j, :] = float(cpi[0]), float(cpi[1]), float(cpi[2])
limit = [np.min(cp), np.max(cp), np.min(cp), np.max(cp),
         np.min(cp), np.max(cp)]  # 描画範囲
bezier.plot_shape(n, m, cp, limit)

def f(x):  # 目的関数の定義
    global cp, n, m
    k = 0
    for i in range(n):
        for j in range(m):
            cp[i, j, 2] = x[k]  # 制御点座標の更新
            k += 1
```

5.3 形態の最適化　　*137*

```python
        return integrate.nquad(lambda u, v: bezier.EGF(n, m, u, v, cp), [[0, 1], [0, 1]],
                               opts={'epsabs': 1.0e-6, 'epsrel': 1.0e-6})[0]  # 数値積分


k = 0
x = []   # 設計変数
b = []   # 設計変数の範囲の設定

for i in range(n):
    for j in range(m):
        x.append(cp[i, j, 2])
        if i == 0 or i == n - 1 or j == 0 or j == m - 1:
            b.append([cp[i, j, 2], cp[i, j, 2]])   # 境界は動かさない
        else:
            b.append([-1.0e+10, 1.0e+10])
        k += 1


optimize.fmin_slsqp(f, x, fprime=None, bounds=b,
                    iprint=2, full_output=True)   # 逐次二次計画法
bezier.plot_shape(n, m, cp, limit)   # 結果の描画
```

　このプログラムでは，ベジエ曲面の次数および制御点座標の情報は，外部ファイル input1.csv から読み込むようにしている。最適化に先立ち，エクセルなどを用いて main.py と同じフォルダ内につぎの csv ファイル input1.py を作成する。

```
nu,nv,
5,5,
X,Y,Z
-5,-5,3
-5,-2.5,1.5
-5,0,0
-5,2.5,-1.5
-5,5,-3
-2.5,-5,1.5
-2.5,-2.5,5
-2.5,0,2
-2.5,2.5,-5
-2.5,5,-1.5
0,-5,0
0,-2.5,-5
0,0,5
0,2.5,-5
0,5,0
2.5,-5,-1.5
2.5,-2.5,-5
2.5,0,-5
2.5,2.5,-5
2.5,5,1.5
5,-5,-3
5,-2.5,-1.5
5,0,0
5,2.5,1.5
```

```
5,5,3
```

input1.pyの1行目と3行目はコメント行であり，2行目にパラメータ $u$, $v$ 方向の制御点数（次数 +1）を記述し，4行目以下に制御点座標を $R_{1,1}$, $R_{1,2}$, $\cdots$, $R_{1,m+1}$, $R_{2,1}$, $\cdots$, $R_{n+1,m+1}$ の順に記述する。

bezieropt.pyでは，まず制御点座標を読み込み，cpに配列として格納する。limitは，曲面をmatplotlibで図示する際の描画範囲である。最初のbezier.plot_shapeで初期形状が描画される。fは目的関数 $S$ の定義であり，$S$ を陽に積分して計算するのは困難なので，SciPyの数値積分のライブラリであるintegrateを利用して面積を求めている。bは変数の取り得る値の範囲である。

問題 (5.39) では，境界部分の制御点鉛直方向座標は変数から除外されているが，ここでは，それらの上限値と下限値をともに初期形状での値に設定することで，間接的に設計変数から除外している。最後に，逐次2次計画法による最適化を実行して最適形状を図 5.18 のように描画している。

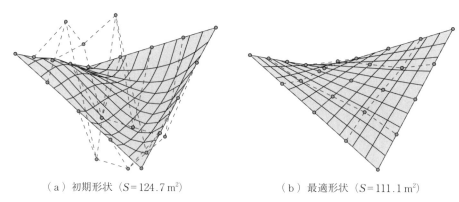

（a）初期形状（$S = 124.7 \, \mathrm{m}^2$）　　　　（b）最適形状（$S = 111.1 \, \mathrm{m}^2$）

図 5.18　input1.csvの最適化結果

初期形状は，正負逆で絶対値の等しい傾きを有する4本の直線で境界が構成されており，最適解は双曲放物面（HP曲面）に近い形状となっている。入力ファイルを変更することで，さまざまな境界形状に対する極小曲面を生成することができる。ベジエ曲面の次数を増やすほど，最適解はより厳密な極小曲面に近づくが，計算コストは増加する。

# デザインに関する知識の処理

本章では，デザイナーが扱う知識をコンピュータ上で処理するための表現方法，および操作方法を紹介する。6.2節で扱う「論理に基づいた知識表現」では aima-python というパッケージを，6.3節の「意味ネットワーク」では NetworkX を用いる。これらの手法を，建築に関するさまざまな情報を統合する枠組みである BIM（building information modeling）と組み合わせることで，建築に関する知識を3次元建築モデルと合わせて知的に処理する方法が研究されている[4),5)]。

## 6.1 知 識 表 現

### 6.1.1 デザインと知識表現

デザイナーはさまざまな知識を扱う。例えば，求めるデザインについての要件も知識であるし，デザインしている対象について知っていること，例えば用いる材料や各部材の構成，またデザインの成果が備えているべき機能なども知識であろう。そして，これまでの経験からデザイナーはほかにもさまざまな知識をもっており，それらを駆使することによって社会やクライアントが求める人工物をデザインしようとしている。

このような知識をコンピュータで扱うためには，その知識をコンピュータによってうまく操作（推論）できるように表現しておかなければならない。こうしたことを扱う分野は**知識表現と推論**[1)]と呼ばれる。本章では，デザインについての知識をコンピュータ上で扱ううえでの基本的な事項について，Python のプログラム例を示しながら解説する。

### 6.1.2 知識とは？

「知識」とはなんだろうか？ これは古代ギリシアから続く問いであるが，ここでは簡単のため，ある人Aについて「Aは … を知っている」という形で表現できるものとしておこう。ここで"…"と書かれているところに知識の内容が入ることになる。もちろん「Aは … を信じている」や「Aはたぶん … だと思っている」という場合もあるであろう（これらは「信念」と呼ばれる）。ここでは，これらを区別しないこととする。

知識の内容には，大きく分けて**宣言的知識**と呼ばれるものと，**手続的知識**と呼ばれるものがある。前者は，例えば「家は建物である」というような，「… は … である」のような形で

表現できる知識のことで，多くの場合，正しいか間違っているかのどちらかだと判断できる文となる。このような文を**命題**という。後者は，料理の手順や建設方法などの手順についての知識であり，一般にノウハウであるとかハウツー知識などと呼ばれる。コンピュータ上ではアルゴリズムやコンピュータプログラムで表現されることが多い。

本章では，前者のみについて説明する。こう書くと，本章で扱っている知識表現は非常に狭いものであるように感じるかもしれないが，実際のところ，知識表現と推論で扱われているのは多くの場合「Aは … を知っている」という形で表現された宣言的知識である。

### 6.1.3 表 現 と は ？

さて，このような知識をどう表現したらよいだろうか？

ここでも，これまで大きく分けて2つの表現方法が提案されている。1つは論理式によるものと，もう1つは非論理式によるものである。前者の代表的なものに**述語論理**に基づく表現がある。この表現は汎用であり表現力に富み，また基盤となる強力な理論（述語論理）が整備されているため，安心して使うことができる。ただし，複雑な内部構造をもつ知識を表現するときに，煩雑な手続きが求められることが多い。そのため最近では，**意味ネットワーク**のような現実世界の知識構造を直感的に表現できる枠組みが，盛んに研究・応用されるようになってきた。

そこで，本章では最初に伝統的な表現方法である述語論理に基づいた知識表現について説明し，つぎに意味ネットワークという比較的現代的な手法について説明する。

### 6.1.4 推 論 と は ？

「知識」，「表現」ときたら，つぎは「**推論**」である。

推論とは，すでにもっている知識から新しい知識を導き出すことである。例えば，述語論理における推論とは，端的にいえば述語論理の**推論規則**に基づく「演繹」となる。「雨が降れば遠足は中止である」という知識をもっていれば，朝雨が降っているのを見て今日の遠足は中止だという結論を導き出せる。これは「$P$ならば$Q$」と「$P$である」という知識から「$Q$である」という結論を導く典型的な形の推論（**モーダスポーネンス**，modus ponens，MP）となる。

$$\frac{P \text{ならば} Q \qquad P \text{である}}{Q \text{である}}$$

ここで，横線 ——— は線の上の2つの論理式（「$P$ならば$Q$」と「$P$である」）から線の下の論理式（「$Q$である」）を導いてよいことを表している。

一方，意味ネットワークでは，そこで表現されている階層構造や動作など推論形式が異なるものが混在していることから，推論の処理が複雑になる傾向がある。また，述語論理のよ

うな基盤となる強力な背景理論がないため，統一的な推論形式を見出しにくいという面もある。

では，以下で知識表現のうち論理に基づいたものと，非論理式によるものについてそれぞれ詳しく見ていこう。

## 6.2　論理に基づいた知識表現

### 6.2.1　命　題　論　理

知識の最も基本的な概念は**命題**である。例えば，「5 は自然数である」や「住宅は建物である」は（真なる）命題である。ここで扱う命題は，このように真偽が判定できるものに限定する。例えば，「$x+1<5$」は $x$ がどういった実数なのか定まらなければ真偽が決まらないから命題ではない。**命題論理**とは，このような命題の真偽に注目し，それらの関係を調べることを目的としている。

命題論理では，命題を表す記号（**命題記号**）として "$P, Q, R, ...$" などを用いる。それらの記号がそれぞれ

- $P$：「屋根がある」，
- $Q$：「壁がある」，
- $R$：「建築である」

を表すとしよう。これらの記号を使うと「屋根があり壁があれば，建築である」ということを，日本語の「かつ」を表す記号 "$\land$" や「ならば」を表す記号 "$\rightarrow$" などの**論理記号**を用いて "$P \land Q \rightarrow R$" と表現できる。このようにして，命題論理を使って「屋根がある」のような単純な文から，「屋根があり壁があれば，建築である」というような複雑な文（知識）を表現できるのである。

このほかの命題論理（と後に述べる述語論理）についての詳しい説明は，他の文献 2），3）に任せよう。ただ，今後の例に必要な事柄だけは簡単に触れておく。

命題論理には，以下の記号がある。

- **論理定数**：T（true，真）と F（false，偽）。
- **命題記号**：$P, Q, R, ...$。
- **論理記号**：$\land, \lor, \lnot, \rightarrow$。
- **かっこ**：'(', ')'。

これらを組み合わせて $P \land Q$（$P$ かつ $Q$），$P \lor Q$（$P$ または $Q$），$\lnot P$（$P$ でない），$P \rightarrow Q$（$P$ ならば $Q$）などの新しい論理式を作成できる。もちろん，さらにこれらを組み合わせて $(P \rightarrow (Q \rightarrow R)) \rightarrow ((P \rightarrow Q) \rightarrow (P \rightarrow R))$ というように，いくらでも複雑な論理式を作ることができる。

142      6. デザインに関する知識の処理

　ところで，$P$ が真で $Q$ も真のとき，例えば「建築家である」が真で「木造が好き」も真のとき，$P \wedge Q$, つまり「建築家であり，かつ，木造が好き」が真となることは直観的に明らかであろう。

　ここで，この $P$ の真偽のように，ある命題の内容が真であるかどうかを表す値のことを**真理値**といい，$P$ や $Q$ を $\wedge$, $\vee$, $\neg$, $\rightarrow$ といった論理記号で組み合わせて作成された論理式の真理値が $P$ と $Q$ の真理値の組み合わせによってどうなるかをまとめた**表6.1**を，**真理値表**という。

表6.1　真理値表

| $P$ | $Q$ | $P \wedge Q$ | $P \vee Q$ | $\neg P$ | $P \rightarrow Q$ |
|---|---|---|---|---|---|
| T | T | T | T | F | T |
| T | F | F | T | F | F |
| F | T | F | T | T | T |
| F | F | F | F | T | T |

　では，このことを Python を使って確かめてみる。Python を起動したのちに以下のとおり入力し，logic モジュールを取り込み，命題論理の知識ベース kb0 を生成する。以下の例では，ユーザー名 user_name のディレクトリ /Users/user_name/designcomputingbook/ch6/aima-python 以下に https://github.com/aimacode/aima-python からダウンロードした aima-python パッケージがある場合の実行例を示す。

```
# os モジュールをインポートし aima-python のあるフォルダに移動する
>>> import os
>>> os.chdir('/Users/user_name/designcomputingbook/ch6/aima-python')
>>> from logic import  *        # logic に関するモジュールをインポートする
>>> kb0 = PropKB()              # 命題論理による知識ベース kb0 を生成する
```

　つぎに，kb0 において命題 $P$ の真理値を真に設定し，その結果を確認する。

```
>>> kb0.tell(expr('P'))        # P を True に設定する
>>> kb0.ask(expr('P'))         # P の真理値を kb0 に聞く
{}                             # {} は True を意味する
>>> kb0.tell(expr('Q'))        # Q を True とする
>>> kb0.ask(expr('Q'))         # Q の真理値を kb0 に聞く
{}
```

　さらに，$P \wedge Q$, $P \vee Q$, $P \rightarrow Q$ などの真理値を確認する。なお，aima-python では「$\wedge$」を "&"，「$\vee$」を "|"，「$\rightarrow$」を "==>"，「$\neg$」を "~" でそれぞれ表している。以下の実行例を見ると，aima-python は表6.1 にあるとおりに動作することがわかる。

```
>>> kb0.ask(expr('P & Q'))                # P ∧ Q の真理値を kb0 に聞く
{}
```

6.2　論理に基づいた知識表現　　*143*

```
>>> kb0.ask(expr('P | Q'))              # P ∨ Q の真理値を kb0 に聞く
{}
>>> kb0.ask(expr('P ==> Q'))            # P → Q の真理値を kb0 に聞く
{}
>>> kb0.retract('P')                    # P の情報を kb0 から削除する
>>> kb0.tell(expr('~P'))                # P の真理値を False に再設定する
>>> kb0.ask(expr('P & Q'))
False
>>> kb0.ask(expr('P ==> Q'))            # P → Q の真理値を再度聞く
{}
```

### 6.2.2　トートロジー

論理式の中には $P \to P$ や $P \vee \neg P$ のように，そこに現れる命題の真理値にかかわらず常に真となる論理式がある。このような論理式のことを**恒真式**（トートロジー）という。例えば，$P \to (Q \to P)$ は恒真式である。

**表6.2** を見ると，命題 $P$ と $Q$ の真理値がどのような組合せであっても論理式 $P \to (Q \to P)$ の真理値は真となることがわかる。

**表 6.2**　恒等式の真理値表

| $P$ | $Q$ | $P \to (Q \to P)$ |
|-----|-----|-------------------|
| T | T | T |
| T | F | T |
| F | T | T |
| F | F | T |

このことを aima-python で確かめてみる。

```
>>> from logic import *
>>> kb1 = PropKB()
>>> kb1.tell(expr('P'))
>>> kb1.tell(expr('~Q'))
>>> kb1.ask(expr('P ==> (Q ==> P)'))
{}
>>> kb1.retract('P')
>>> kb1.tell(expr('~P'))
>>> kb1.ask(expr('P ==> (Q ==> P)'))
{}
>>> kb1.retract('Q')
>>> kb1.tell(expr('Q'))
>>> kb1.ask(expr('P ==> (Q ==> P)'))
{}
```

ほかにも $P$ と $Q$ の真理値の組み合わせを試してみるとわかるが，すべての場合において $P \to (Q \to P)$ の真理値は T となる。

144    6. デザインに関する知識の処理

### 6.2.3 推　　　　論

命題論理では，推論は与えられた**推論規則**に従って行う。命題論理などの形式的体系には，一般に正しいことが仮定されている**公理**と呼ばれる論理式と推論規則が与えられる。そして，この公理から推論規則を何回か適用して論理式を導く。こうして導かれた論理式のことを**定理**と呼び，この定理を導く過程を**証明**という。命題論理や後に説明する述語論理では，このような証明をもつ論理式（定理）は真である（正しいこと）が保証されている。

命題論理などの形式的体系を定義するとき，一般にその定義に用いられる公理や推論規則の数を最小限にしようとする。そのほうが形式的体系がシンプルなものとなるからである。例えば，**ゲンツェン**（G. Gentzen）の**自然演繹**（NK）と呼ばれる体系では，公理系を最小限のものにとどめ，その代りに推論規則を多く用意する。反対に，**ヒルベルト**（D. Hilbert）の形式化では公理を比較的多く用意する代りに推論規則が少なくなる。ただ，ここではそうしたことにはこだわらず，真なる論理式から真なる論理式を導くことのできる推論規則のうち，代表的なものをいくつかあげておく。

- モーダスポーネンス：$P$ と $P \rightarrow Q$ が成り立つとき $Q$ も成り立つ。

$$\frac{P \qquad P \rightarrow Q}{Q}$$

- $\wedge$ – 導入：$P$ と $Q$ が成り立つとき，$P \wedge Q$ が成り立つ。

$$\frac{P \qquad Q}{P \wedge Q}$$

- $\wedge$ – 除去：$P \wedge Q$ が成り立つとき，$P$ が成り立つ。

$$\frac{P \wedge Q}{P}$$

- $\vee$ – 導入：$P$ が成り立つとき，$P \vee Q$ が成り立つ。

$$\frac{P}{P \vee Q}$$

- $\vee$ – 除去：$P \vee Q$ と $P \rightarrow R$，$Q \rightarrow R$ が成り立つとき，$R$ が成り立つ。

$$\frac{P \vee Q \qquad P \rightarrow R \qquad Q \rightarrow R}{R}$$

- 二重否定除去：$\neg\neg P$ が成り立つとき，$P$ が成り立つ。

$$\frac{\neg\neg P}{P}$$

では，これらが aima-python に実装されているか見てみる。まずモーダスポーネンスから。

```
>>> from logic import  *
>>> kb2 = PropKB()
>>> kb2.tell(expr('P'))          # P を True に設定する
>>> kb2.ask(expr('Q'))           # Q の真理値を kb2 に聞く
```

6.2 論理に基づいた知識表現　　145

```
False                        # この時点では Q は False（未定義）
>>> kb2.tell(expr('P ==> Q')) # P → Q が True だと kb2 に伝える
>>> kb2.ask(expr('Q'))
{}                           # MP
```

つぎに，ほかの規則も見ていく。

```
>>> kb2.ask(P & Q)
{}                      # ∧ - 導入
>>> kb2.retract('P')
>>> kb2.retract('Q')
>>> kb2.tell(expr('P & Q'))
>>> kb2.ask(expr('P'))
{}                      # ∧ - 除去
>>> kb2.retract('P')
>>> kb2.retract('Q')
>>> kb2.tell(expr('P | Q'))
>>> kb2.tell(expr('P ==> R'))
>>> kb2.tell(expr('Q ==> R'))
>>> kb2.ask(expr('R'))
{}                      # 二重否定除去
```

このように，それぞれの規則について正しく実装されていることがわかる。ほかのルールについてもそれぞれ試してみよう。

### 6.2.4　述　語　論　理

　命題論理が扱えるのは，「屋根がある」のような真偽が判定できる命題であった。この命題を，∧，∨，¬，→などの論理記号を用いて接続していくことで，それなりに複雑な知識を表現することができる。

　しかし，命題論理には限界がある。例えば，命題論理でつぎのような推論を表現できるだろうか。

$$\frac{\text{すべての建築には屋根がある} \quad\quad \text{代々木体育館は建築である}}{\text{代々木体育館には屋根がある}}$$

　これは正しい推論である。一方，「すべての建築には屋根がある」，「代々木体育館は建築である」，および「代々木体育館には屋根がある」はみな真偽が判定できる命題であるから，それぞれ命題記号 $A$, $B$, $C$ で表し，上の推論を

$$\frac{A \quad B}{C}$$

としても，この形は上で与えた推論規則には含まれておらず，その正しさを命題論理の中では証明することができない。命題論理では $A$ と $B$ がともに成り立つ場合でも，上の推論に従って $C$ が成り立つとはいえないのである。

　この「すべての … は … である」という文を表現するためには，命題を主語と述語に分解

146    6. デザインに関する知識の処理

して扱う述語論理が必要となる。例えば，「xは建築である」と「xには屋根がある」をそれぞれ Architecture$(x)$，HasRoof$(x)$ という述語で表現すれば，「すべての建築には屋根がある」は「すべての $x$ に対して（Architecture$(x)$ → HasRoof$(x)$）」と表現できる。この「すべての $x$」を表現するために "∀" という**量化子**を使うと，「すべての建築には屋根がある」は形式的に $\forall x$(Architecture$(x)$ → HasRoof$(x)$) と書ける。述語論理ではこの量化子に関する推論規則を用いて，上の「代々木体育館」に関する推論の正しさを証明することができる。

### 6.2.5 述語論理による知識表現

命題論理のときと同様に，述語論理についても今後の例に必要な事柄だけ簡単に触れておく。述語論理には，以下のような記号がある。

- **論理定数**：T，F。
- **定数記号**：世界にある物の名前や性質など。例えば YoyogiStadium，Taro，car，tree，apple，blue，...，a，b，c，...。
- **変数記号**：世界にあるもの一般や性質一般を指す変数。例えば $x$，$y$，$z$，...。
- **関数記号**：入力されたものを定数記号が示すものへと写像する関数。father，...，$f$，$g$，$h$，...。例えば，多くの知識表現において father(Taro) は「Taro の父」を表現している。
- **述語記号**：世界にあるものを入力すると T，F を出力する関数。Architecture，likes，...，P，Q，R，...。例えば，Architecture(YoyogiStadium) は YoyogiStadium が建築だから T を出力し，likes(Taro，apple) という二項述語（項として二つの記号をとるもの）は Taro がリンゴを好きなときに T を出力する。
- **論理記号**：∧，∨，¬，→。
- **量化記号**：∀，∃。

最後の量化記号については，少し説明が必要だろう。まず，**全称記号** ∀ は，上の例でも示したとおり，変数 $x$ とともに用いて $\forall x$ とすることによって「$x$ に入る可能性のあるものすべてに対して」という意味になる。例えば，$\forall x$ likes$(x,$ apple$)$ は「すべての $x$ に対して，$x$ はリンゴが好きである」となり，簡単にいえば「すべての $x$ はリンゴが好きである」という意味となる。たぶん，すべての人がリンゴ好きではないだろうから，この論理式の真理値は F となるだろう。

つぎに，**存在記号** ∃ は，変数 $x$ とともに用いて $\exists x$ とすることによって，「$x$ に入る可能性のあるもののうち少なくとも 1 つは」という意味になる。例えば，$\exists x$ likes$(x,$ apple$)$ は，「$x$ に入る可能性のあるもののうち少なくとも 1 つはリンゴが好きである」となり，簡単にいえば「少なくとも 1 人はリンゴ好きである」という意味だから，ほぼ確実にこの論理

式の真理値は T となるだろう。

さて，これらの記号を使ってどのような知識が表現できるかを検討してみる。例えば，NextTo$(x, y)$（$x$ は $y$ の隣にある），Noisy$(x)$（$x$ はうるさい）という述語を用いれば，「もし洗濯機が寝室の隣にあったら，寝室はうるさい」は NextTo(寝室, 洗濯機) $\rightarrow$ Noisy(寝室) と表現される。また，上に述べたとおり量化子を用いて「すべての建築には屋根がある」は $\forall x($Architecture$(x) \rightarrow$ HasRoof$(x))$ と書ける。ほかにも，「すべての建物について，それが木造住宅でかつ 3 階建なら，構造計算書が必要である」は $\forall x($WoodenHouse$(x) \land$ ThreeStoried$(x) \rightarrow$ Need$(x,$ 構造計算書$))$ となる。これらを論理記号で接続していけば，いくらでも複雑な知識を表現できる。

### 6.2.6 推　　　　論

述語論理における推論も，与えられた推論規則に従って行う。述語論理には，命題論理の推論規則に加えて量化子に関する以下の規則がある。

- **全称例化**：$\forall x P(x)$ が成り立つとき，その $x$ が入る可能性のある対象にそれを置き換えても成り立つ。

$$\frac{\forall x P(x)}{P(x/t)}$$

それでは，この推論規則を用いて，上の「代々木体育館」の例の推論を実行してみよう。まず，前提として $\forall x($Architecture$(x) \rightarrow$ HasRoof$(x))$ と Architecture(YoyogiStadium) が与えられている。これらから HasRoof(YoyogiStadium) を導いてみよう。まず，全称例化の規則を使って $x$ を YoyogiStadium に置き換える。

$$\frac{\forall x(\text{Architecture}(x) \rightarrow \text{HasRoof}(x))}{\text{Architecture(YoyogiStadium)} \rightarrow \text{HasRoof(YoyogiStadium)}}$$

つぎに，得られた論理式と前提の Architecture(YoyogiStadium) に対してモーダスポーネンス MP を適用して，結論 HasRoof(YoyogiStadium) を得る。

$$\frac{\text{Architecture(YoyogiStadium)} \quad \text{Architecture(YoyogiStadium)} \rightarrow \text{HasRoof(YoyogiStadium)}}{\text{HasRoof(YoyogiStadium)}}$$

こうして，2 つの知識「すべての建築には屋根がある」，「代々木体育館は建築である」から「代々木体育館には屋根がある」が形式的に導かれた。

### 6.2.7　プ ロ グ ラ ム

代々木体育館の例から，`aima-python` にこの推論をさせてみる。`FolKB()` によって述語論理の知識ベース `kb3` を生成し，Architecture(YoyogiStadium) の真理値を T と定めるところから始める。

148      6. デザインに関する知識の処理

```
>>> from logic import  *
>>> kb3 = FolKB()                # 述語論理による知識ベース kb3 を生成する
>>> kb3.tell(expr('Architecture(YoyogiStadium)'))
```

つぎに，$\forall x(\mathrm{Architecture}(x) \rightarrow \mathrm{HasRoof}(x))$ が成り立つと kb3 に伝える。ただし，aima-python では論理式の中で x などの変数記号を量化子なしで記した場合，その論理式はすべての x で成り立つと解釈される。例えば，aima-python 上で単に Architecture(x) と書いたとき，それは $\forall x(\mathrm{Architecture}(x))$ と書いてあるとみなされるのである。

```
>>> kb3.tell(expr('Architecture(x) ==> HasRoof(x)'))
```

では，上の 2 つの論理式から HasRoof(YoyogiStadium) が成り立つかどうかを kb3 に聞いてみる。

```
>>> kb3.ask(expr('HasRoof(YoyogiStadium)'))
{v_0: YoyogiStadium}
```

ここで，kb3 は {v_0: YoyogiStadium} と答えている。これは，$\mathrm{HasRoof}(x)$ が成り立つ x として YoyogiStadium があるという意味であり，すなわち HasRoof(YoyogiStadium) が成り立つと正しく推論していることが示されている。では，HasRoof(Tokyo) はどうだろうか？

```
>>> kb3.ask(expr('HasRoof(Tokyo)'))
False
```

つぎに，「すべての建物について，それが木造住宅でかつ 3 階建なら，構造計算書が必要である」という知識と，「私の家は木造」かつ「私の家は 3 階建」という事実から，「私の家には構造計算書が必要」を推論してみる。

まず，「すべての建物について，それが木造住宅でかつ 3 階建なら，構造計算書が必要である」を論理式で表現し kb3 に伝える。

```
>>> kb3.tell(expr('(WoodenHouse(x) & ThreeStoried(x)) ==> Need(x,StructuralCalc)'))
```

さらに，「私の家は木造」かつ「私の家は 3 階建」という事実も kb3 に伝える。

```
>>> kb3.tell(expr('WoodenHouse(MyHouse)'))
>>> kb3.tell(expr('ThreeStoried(MyHouse)'))
```

では，「私の家には構造計算書が必要」，つまり Need(MyHouse, StructuralCalc) が成り立つかどうかを知識ベース kb3 に聞いてみる。

```
>>> kb3.ask(expr('Need(MyHouse,y)'))[y]
StructuralCalc
>>> kb3.ask(expr('Need(MyHouse,StructuralCalc)'))
{v_9: MyHouse}           # MyHouse は Need(MyHouse,StructuralCalc) を満たす
```

aima-pythonでは，kb3.ask(expr('Need(MyHouse,y)'))[y]として，kb3にNeed(MyHouse,y)のyに何が入り得るのかを聞くことによってMyHouseがNeed(MyHouse, StructuralCalc)を満たすかどうかを判定する。

このように，命題論理や述語論理によって知識を表現することで，形式的体系がもつ推論規則を使って推論を行うことができる。ここに挙げた例は非常に単純なものであるが，このような単純な知識でも，知識ベースの中に膨大な数蓄積されれば，人間の能力を超えた知識処理が可能となる。

## 6.3 意味ネットワーク

命題論理や述語論理のような論理式によって表現された知識は，強固な背景理論の存在により安心して使えるという反面，その表現が人間にとって直感的でないという欠点もある。そこで，世界についての知識をより直感的に表現できる**意味ネットワーク**などの非論理式による知識表現が，多くの場面で用いられるようになってきた。

例えば，「すべての建築には屋根がある」という表現を

$$\forall x (\mathrm{Architecture}(x) \to \mathrm{HasRoof}(x))$$

と書くよりも，**図6.1**のように意味ネットワークを用いて書いたほうが直感的であろう。また，全称量化子がついた論理式による表現は慣れない人にとっては，敷居が高いのも事実である。

図 6.1 意味ネットワークによる表現

意味ネットワークとは，知識を**グラフ**によって表現するものである。4.1.1項で述べたように，グラフとはノードとリンクの集合によって成り立つ数学的構造であり，一般にそのノードはある対象を表現し，2つの対象をつなぐリンクはその2つの対象間の関係を表している。また，関係には方向性があるので，意味ネットワークは**有向グラフ**として表現される。図6.1の例では，「建築」と「屋根」という2つの対象間に"has-a"（もつ）の関係があることが示されている。

意味ネットワークではリンクが矢印となっており，方向性があることを示している。この

方向性によって住宅は柱をもつが，柱は住宅をもたないというような，さまざまな関係を表現できる。代表的な関係を以下に示す。

- **is-a 関係**：「住宅は建築である」のように，「である」関係を表すときに用いる。これは上位・下位概念間の包含関係を表しており，下位概念（住宅）から上位概念（建築）に向けて矢印が引かれる。
- **part-of 関係**：全体・部分概念間の関係を表す。「屋根は住宅の部分である」のように，ものが複数の部分から構成されていることを示す。一般に，部分概念から全体概念へと矢印が引かれる。
- **has-a 関係**：part-of 関係の逆。「住宅は屋根をもつ」のように，ある対象が何かを「もつ」ときに用いる。
- **made-of 関係**：「床は木によって作られている」というような，対象とその素材の間の関係を表す。

このほかにも，図 6.2 では"height"や"area"など対象がもつ属性を表すリンクや，"can"や"eat"など対象と対象を文としてつなぐようなリンクなど，さまざまな関係が用いられている。このように，意味ネットワークは，概念間の関係をわれわれが世界を認識している仕方に近い形で表現しているため，論理式による表現よりも直感的でわかりやすい。

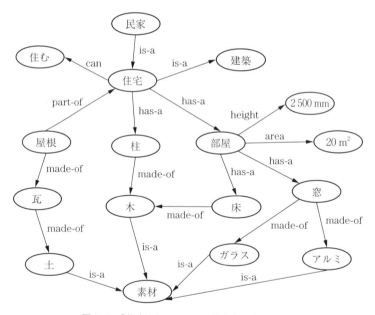

図 6.2 「住宅」についての意味ネットワーク

一方で，欠点もある。まず，ノードに入る対象はどのようなものなのか，リンクとしてどのような関係概念を与えるかに関する一般的な定義がないことである。例えば，ノードには「建築」のような非常に一般的な概念が入ることもあれば，「代々木体育館」のような個体の

名前が入ることもある。個体としての家（例えば，サヴォア邸など）が部屋をもつという意味と，住宅という概念が部屋をもつということでは「もつ」ということの意味合いが異なるのである。前者の場合は「いくつの部屋？」という問が意味をもつのに対して，後者では一般に意味をなさない。

また，ものとは限らず，「住む」のような機能に関する概念や「200 m$^3$」のような物理量など，一般に「もの」とは言えないような表現もノードに入れることがでる。リンクについても，"is-a" や "has-a" などの一般的なものから図6.2にあるような多様なリンクが用いられる場合がある。

ノードについてもリンクについても多様な表現を許す状況では，別々に定義された2つの意味ネットワークを接続する場合に，その定義を統一する作業が必要になったり，新たに意味ネットワークを構築する場合に，ノードやリンクの定義や，それに伴う推論機構の仕組みの選定など，細かい作業がいちいち必要になったりしてしまう。これは，論理式に比較して表現力が豊かであるゆえの問題であるといえよう。

### 6.3.1 継承による推論

図6.3の中では，「民家は住宅である」と「住宅は屋根をもつ」から「民家は屋根をもつ」が導かれている。このことを，意味ネットワークでは上位概念から下位概念へと属性が**継承**（Inheritance）されたという。

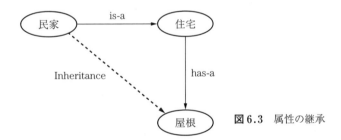

図6.3 属性の継承

ただし，意味ネットワークのリンクのすべてにおいて属性が継承されるとは限らない。例えば，「住宅は柱をもつ」と「柱は木で作られている」から「住宅は木で作られている」を導くことはできない。このように，一般に "is-a" 関係では属性が継承されるが "has-a" では継承されない。"made-of" についても同様である。このように，どのリンクにおいて属性の継承が行われるかについても，事前に定義をして合意しておく必要がある。

### 6.3.2 多重継承の問題

意味ネットワークによっては，複数のノードから1つのノードへ，または，1つのノードから複数のノードへリンクが接続されている場合がある。このとき，複数のノードから属性

を継承する際に問題が起こることがある．これは**菱形継承問題**といわれるが，その例として有名な"Nixon diamond"と呼ばれる例を見てみよう（図 6.4）．

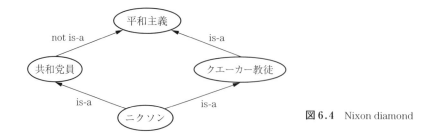

図 6.4　Nixon diamond

アメリカのニクソン元大統領は共和党員であり，かつクエーカー教徒であった．そして，クエーカー教徒は平和主義的であるのが一般的で，一方，共和党員は好戦的とされるのが一般的であった．このとき，ニクソンはクエーカー教徒のノードを経由すると，"is-a" リンクによる属性の継承から「ニクソンは平和主義である」が導かれるが，共和党員のノードを経由すると「ニクソンは平和主義ではない」が導かれてしまい，推論結果の間で矛盾が生じてしまう．こうした問題は述語論理に基づく知識表現における推論では決して生じない．この問題を解決するためには，複数の継承経路のうち，どれを優先するかについてあらかじめ決めておかなければならない．

### 6.3.3　プログラム

Python による意味ネットワークの例を見てみよう．ここでは Python のパッケージ NetworkX を用いて，図 6.5 のような意味ネットワークを作成する．

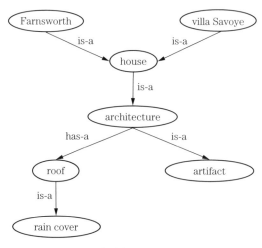

図 6.5　意味ネットワークの例

6.3 意味ネットワーク　　*153*

まず NetworkX を使う環境を整える。

```
>>> import networkx as nx          # networkx をインポートする
>>> DG=nx.DiGraph()                # 有向グラフを生成する
```

つぎに，NetworkX で定義されている add_node というメソッドを使ってノード artifact（人工物），architecture（建築），roof（屋根），rain cover（雨除け），house（住宅），Farnsworth（ファンズワース邸），villa Savoye（サヴォア邸）を定義する。

```
>>> DG.add_node('artifact')        # DG にノード artifact を加える
>>> DG.add_node('archi')
>>> DG.add_node('roof')
>>> DG.add_node('rain_cover')
>>> DG.add_node('house')
>>> DG.add_node('farnsworth')
>>> DG.add_node('villa_savoye')
```

そして，メソッド add_edge を使って，そのノード間の関係として "is-a" と "has-a" を定める。

```
# archi と artifact の関係は is_a である
>>> DG.add_edge('archi', 'artifact', type='is_a')
>>> DG.add_edge('house', 'archi', type='is_a')
>>> DG.add_edge('farnsworth', 'house', type='is_a')
>>> DG.add_edge('villa_savoye', 'house', type='is_a')
>>> DG.add_edge('archi', 'roof', type='has_a')
>>> DG.add_edge('roof', 'rain_cover', type='is_a')
```

では，ノードやリンクが正しく定義されているか確かめてみる。

```
>>> list(DG.nodes())               # DG に含まれる nodes を表示する

['villa_savoye', 'artifact', 'roof', 'archi', 'house', 'farnsworth', 'rain_cover']
```

すべてのノードがDGに含まれていることがわかる。つぎにノードについても確かめてみる。

```
>>> list(DG.edges())               # DG に含まれる edges を表示する

[('villa_savoye', 'house'), ('farnsworth', 'house'), ('roof', 'rain_cover'),
 ('house', 'archi'), ('archi', 'artifact'), ('archi', 'roof')]
```

ここで ('archi', 'roof') とは archi と roof の間にリンクがあることを示している。しかし，これだけではそのリンクがどのような関係を示しているのかわからない。そのため，edge に付与されているタイプを表示させる。

```
>>> list(DG.edges(data='type'))          # リンクに付けられているタイプを表示する
[('villa_savoye', 'house', 'is_a'), ('farnsworth', 'house', 'is_a'),
 ('roof', 'rain_cover', 'is_a'), ('house', 'archi', 'is_a'),
 ('archi', 'artifact', 'is_a'), ('archi', 'roof', 'has_a')]
```

これで，('archi'，'roof')の間に"has-a"の関係があることがわかった。

つぎに，Pythonでグラフを描画するための標準的なライブラリmatplotlibを使って，上で定義した意味ネットワークを描画してみる（matplotlibについては2.2.2項を参照）。

```
>>> import matplotlib.pyplot as plt      # matplotlib をインポートする
>>> edge_labels = {}            # リンクを格納する edge_labels を用意する
>>> for a, b, c in list(DG.edges(data='type')):
...     edge_labels[(a, b)] = c          # リンクを edge_labels に格納する
...


>>> pos = nx.spring_layout(DG) # ネットワークの表示の仕方を指定する
# ノードの大きさ・色の指定
>>> nx.draw_networkx_nodes(DG, pos, node_size=2000, node_color='white')
# リンクの太さ・色の指定
>>> nx.draw_networkx_edges(DG, pos, width=2, alpha=0.5, edge_color='black')
# ノードのフォントの指定
>>> nx.draw_networkx_labels(DG, pos, font_size=12, font_family='sans-serif')
# リンクのフォントの指定
>>> nx.draw_networkx_edge_labels(DG, pos, edge_labels, font_size=12, font_family='sans-serif')
>>> plt.axis('off')             # 座標を表示しない
>>> plt.show()                  # ネットワーク図を表示
```

図6.6に，上のコードによる描画例を示す。matplotlibでは，矢印を太い線で表して

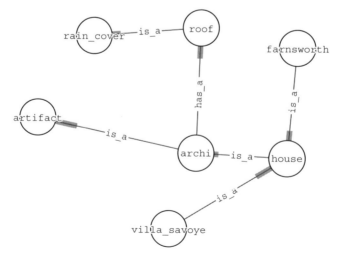

図6.6 意味ネットワークの出力例

いる。描画オプションとして spring_layout を指定しているため，実行するたびに異ったレイアウトのグラフが描画され，図6.6と同じレイアウトになることはほとんどない。

つぎに，継承による推論を実行してみる。NetworkX には推論のためのプログラムは含まれていないので，推論機構を以下のように作成して，myfunc.py という名前で保存する。

**myfunc**

```
def inherit_get(DG, gparent, parent):
    # parent の下にリンクがあるかを判定
    if DG.successors(parent):
        for child in DG.successors(parent):
            # child の下にリンクがあるかを判定
            if DG.successors(child):
                # parent と child 間の関係が is_a かどうかを判定
                if DG.edge[parent][child]['type'] == 'is_a':
                    # is_a の場合は，さらにそのリンクをたどる
                    inherit_get(DG, gparent, child)
                else:
                    # parent と child の関係を出力する
                    print(gparent, DG.edge[parent][child]['type'], child)
            else:
                # gparent と child の関係を出力する
                print(gparent, DG.edge[parent][child]['type'], child)
    else:
        print('No inheritance available.')
```

このプログラムは“is-a”のリンクをたどっていき，“is-a”リンクが途絶えたところにあるノードをコンソールにプリントする。“is-a”リンクをたどるところで再帰的に inherit_get を呼んでいる。つぎのように実行して，archi の属性を見てみる。

```
>>> from myfunc import inherit_get
>>> inherit_get(DG, 'archi', 'archi')
archi has_a roof
archi is_a artifact

>>> inherit_get(DG, 'roof', 'roof')
roof is_a rain_cover

>>> inherit_get(DG, 'farnsworth', 'farnsworth')
farnsworth has_a roof
farnsworth is_a artifact
```

archi は artifact であり，さらに“is-a”のリンクの先の roof をもつことが正しく推論されている。また，archi と roof の間には“has-a”の関係であるから，その先の rain cover にまでは推論が至っていない。同様に，Farnsworth は“is-a”のリンクをたどって archi に至り，結局は archi と同じ結果となる。

上の例では，“is-a”リンクの末端の値しか継承していなかった。ほかにも，すべての値を

継承するように推論する場合もある。例えば，villa Savoye は house であり archi であり artifact であり roof をもっているというように "is-a" のリンクを経由してたどれるノードの情報をすべて継承するのである。

意味ネットワークは，概念間の関係を直感的に表現できるという利点をもつが，一方で上述のとおりいくつかの問題点も指摘されている。また，意味ネットワークの規模が大きくなるにつれて，継承による推論を効率的に行うことが難しくなる傾向もある。こうした問題点があっても，その豊富で柔軟な表現力と理解しやすさから，意味ネットワークの利用は広がっている。例えば，BIM はオブジェクト指向をベースにして開発されているが，そのオブジェクト間の関係を意味ネットワークの "is-a" や "part-of" によって表現する試み[4]や，BIM の情報を意味ネットワークを使うことによって拡張し，都市環境を含めて表現しようとする研究[5]などが行われている。

#  コンピューテーショナル・デザインの事例

　本章では，6章までに紹介した理論や手法が，建築あるいは都市デザインへ実際に活用された事例をいくつか紹介する。はじめに，スイスで実際に建設されたテンセグリティの形態解析において Python によるプログラミングが活用された事例を紹介する。つぎに，3D モデリングソフトである Rhinoceros を活用し，造形物の形態生成を行った事例とディジタルファブリケーションを行った事例の2つを紹介する。

　後者の紹介事例では，Rhinoceros のプラグインの1つでグラフィカルなアルゴリズム・エディターである Grasshopper が用いられているが，その一部に Python スクリプトが活用されている。Grasshopper には，5章で触れた GA や SA を扱うことのできる Galapagos や，構造解析や物理シュミレーションを行うことのできる Karamba や Kangaroo などの，豊富なコンポーネントが用意されており，近年，コンピューテーショナル・デザインを行ううえでの強力なツールとなっている。

## 7.1　Python を用いたテンセグリティの形状決定と施工事例

　スイスで実際に施工されたテンセグリティ（**図 7.1**）の形態解析の事例を紹介する。**テンセグリティ**（tensegrity）とは，バックミンスター・フラー（Buckminster Fuller）により提

**図 7.1**　テンセグリティ・アルタナ（写真提供：アトリエ・ワン）

唱された概念であり,「張力」を意味する「テンション」(tension) と,「統合」を意味する「インテグリティ」(integrity) という2つの言葉を合わせたものである。

テンセグリティの定義には複数の解釈があるが,「連続した圧縮材と,不連続な張力材からなる構造物」という定義が最も直感的でわかりやすいであろう。テンセグリティは,まるで圧縮材が空中に浮いているかのような印象的な張力構造であり,その芸術性の高さから,オブジェや展示作品に利用されることが多い。テンセグリティは,張力のない状態では不安定であり,外力の作用なしに釣り合う軸力(**自己釣合い軸力**)を与えることによって安定化される[1]。

ここでは,二十面体の節点をつないで構成されるテンセグリティの形状決定と,実際の施工例を紹介する。スイスに,圧縮材18 mの大規模なテンセグリティを建造するプロジェクトがあり,本章の著者の一人がその構造設計の一部を担当した。依頼された時点で建築家は小さな模型を作っており,正二十面体のような形状であった。そこで,正二十面体から検討を始めたが,その形状では自己釣合い軸力が見つからず,構造解析が行えない状態であり,形状を微調整する必要が生じた。

そこでまず,自己釣合い軸力と,それに対応する節点の関係を導出した。既往の研究によれば,自重を無視した場合,圧縮材の長さが指定された条件のもとで,自己釣合い軸力モードが存在する節点座標の候補は,式 (7.1) のような最適化問題の解として得られることが知られている[2]。

$$\text{minimize} \quad f(\boldsymbol{r}) = \sum_{i=1}^{t} \bar{w}_i l_i^4(\boldsymbol{r}) \tag{7.1a}$$

$$\text{subject to} \quad h_j(\boldsymbol{r}) = l_{t+j}(\boldsymbol{r}) - \bar{l}_j = 0, (j=1, \cdots, c) \tag{7.1b}$$

ここで,$t$, $c$ はそれぞれ引張材,圧縮材の本数である。部材数を $m = t + c$ とし,引張材,圧縮材の順に部材長を並べたベクトルを $\boldsymbol{l} = (\boldsymbol{l}_t^{\mathrm{T}}, \boldsymbol{l}_c^{\mathrm{T}})^{\mathrm{T}} = (l_1, \cdots, l_m)^{\mathrm{T}}$ とする。$\boldsymbol{r} = (r_1, \cdots, r_{3n})^{\mathrm{T}}$ は節点の $x, y, z$ 座標を並べたベクトル($n$ は節点数),$\bar{l}_j$ は $j$ 番目の圧縮材の長さの指定値である。$\bar{w}_i$ は $i$ 番目の引張材に与える重み係数であり,この値を変化させることでさまざまな形状が得られる。

ラグランジュ乗数を $\boldsymbol{\lambda} = (\lambda_1, \cdots, \lambda_c)^{\mathrm{T}}$ とすれば,問題 (7.1) のラグランジュ関数は次式で表される(5.1.2 項参照)。

$$L(\boldsymbol{r}, \boldsymbol{\lambda}) = f(\boldsymbol{r}) + \sum_{j=1}^{c} \lambda_j h_j(\boldsymbol{r}) \tag{7.2}$$

$L(\boldsymbol{r}, \boldsymbol{\lambda})$ を $\boldsymbol{r}$ で偏微分することにより,つぎの停留条件が導かれる。

$$\frac{\partial L(\boldsymbol{r}, \boldsymbol{\lambda})}{\partial \boldsymbol{r}} = \frac{\partial \boldsymbol{l}_t}{\partial \boldsymbol{r}} \boldsymbol{b} + \frac{\partial \boldsymbol{l}_c}{\partial \boldsymbol{r}} \boldsymbol{\lambda} = \boldsymbol{0} \tag{7.3a}$$

$$\frac{\partial \boldsymbol{l}_t}{\partial \boldsymbol{r}} = \begin{pmatrix} \dfrac{\partial l_1}{\partial r_1} & \cdots & \dfrac{\partial l_t}{\partial r_1} \\ \vdots & \ddots & \vdots \\ \dfrac{\partial l_1}{\partial r_{3n}} & \cdots & \dfrac{\partial l_t}{\partial r_{3n}} \end{pmatrix}, \quad \frac{\partial \boldsymbol{l}_c}{\partial \boldsymbol{r}} = \begin{pmatrix} \dfrac{\partial l_{t+1}}{\partial r_1} & \cdots & \dfrac{\partial l_{t+c}}{\partial r_1} \\ \vdots & \ddots & \vdots \\ \dfrac{\partial l_{t+1}}{\partial r_{3n}} & \cdots & \dfrac{\partial l_{t+c}}{\partial r_{3n}} \end{pmatrix}, \quad \boldsymbol{b} = \begin{pmatrix} 4\bar{w}_1 l_1^3 \\ \vdots \\ 4\bar{w}_t l_t^3 \end{pmatrix} \tag{7.3b}$$

式 (7.3) と式 (7.1b) を連立させて解くことで，$\boldsymbol{r}$, $\boldsymbol{\lambda}$ が得られる。一方，部材の軸力を並べたベクトルを $\boldsymbol{N}$ とすると，自己釣合いの条件は次式で定義される。

$$\frac{\partial \boldsymbol{l}}{\partial \boldsymbol{r}} \boldsymbol{N} = \boldsymbol{0} \tag{7.4a}$$

$$\boldsymbol{N} = \begin{pmatrix} N_1 \\ \vdots \\ N_m \end{pmatrix}, \quad \frac{\partial \boldsymbol{l}}{\partial \boldsymbol{r}} = \begin{pmatrix} \dfrac{\partial l_1}{\partial r_1} & \cdots & \dfrac{\partial l_m}{\partial r_1} \\ \vdots & \ddots & \vdots \\ \dfrac{\partial l_1}{\partial r_{3n}} & \cdots & \dfrac{\partial l_m}{\partial r_{3n}} \end{pmatrix} \tag{7.4b}$$

式 (7.4a) と式 (7.3a) を比較することで，$\boldsymbol{b}$, $\boldsymbol{\lambda}$ がそれぞれ引張材，圧縮材の軸力に対応していることがわかる。すなわち

$$\boldsymbol{N} = \begin{pmatrix} \boldsymbol{b} \\ \boldsymbol{\lambda} \end{pmatrix} \tag{7.5}$$

である。

以上をふまえて，Python を用いてテンセグリティの節点座標と自己釣合い軸力を求めてみよう。構造設計を依頼された当初の正二十面体の形状と部材の要素節点関係はつぎのとおり設定した。これを，datain というフォルダを作ったうえで，その中に 20_face_pieces.csv として保存する。

**20_face_pieces.csv**

```
x,y,z
3.157875494,-5.4696008,0
3.157875494,5.4696008,0
-3.157875494,-5.4696008,16.53485075
-3.157875494,5.4696008,16.53485075
-6.315750989,0,0
-10.21909976,0,10.21909976
10.21909976,0,6.315750989
6.315750989,0,16.53485075
-5.109549882,-8.85,6.315750989
5.109549882,-8.85,10.21909976
-5.109549882,8.85,6.315750989
5.109549882,8.85,10.21909976
,,
I,J,CorT(compression m ->0, tension m ->1)
4,9,0
0,11,0
1,5,0
2,6,0
3,8,0
```

```
7,10,0
0,4,1
0,1,1
1,4,1
4,8,1
0,6,1
1,10,1
0,9,1
4,5,1
1,11,1
8,9,1
5,8,1
6,9,1
5,10,1
6,11,1
10,11,1
2,8,1
6,7,1
3,10,1
2,9,1
3,5,1
7,11,1
2,7,1
2,3,1
3,7,1
```

このデータは，上から順番に，節点0，節点1，…，節点11まで合計12個の節点の$x$，$y$，$z$座標がまず並び，その後，部材両端の節点番号（部材節点関係）と部材種別が並ぶ形となっている．例えば，4，9，0は圧縮材が節点4と節点9をつないでいることを表し，0，4，1は，引張材が節点0と節点4をつないでいることを表している．このデータに対応する形状を図7.2に示す．

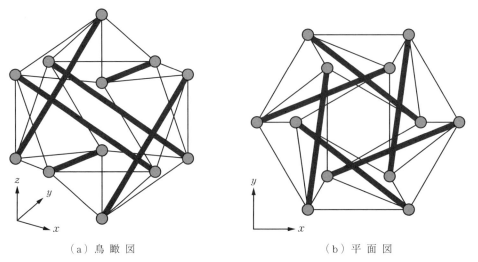

(a) 鳥瞰図　　　　　　　　　(b) 平面図

図7.2　初期形状（正二十面体）

続いて，datain フォルダがあるフォルダに，ファイルの入出力と，要素長さおよびその微分を計算する関数を格納した基本モジュール fem.py をつぎのように作成する。

───── プログラム 7.1 基本モジュール：**fem.py** ─────

```python
import numpy as np
import csv
import math


def input(fname):
    r, ijt, ijc = [], [], []
    reader = csv.reader(open(fname, 'r'))
    for row in reader:                        # 節点の読み込み
        break                                 # 先頭行は読み飛ばし
    for row in reader:
        if row[0] == '':
            break
        r.append([float(row[0]), float(row[1]), float(row[2])])
    nod, r = len(r), np.array(r)              # 節点数，r の array 変換
    for row in reader:                        # 要素節点関係の読み込み
        break                                 # 先頭行は読み飛ばし
    for row in reader:
        if row[0] == '':
            break
        if int(row[2]) == 0:
            ijc.append([int(row[0]), int(row[1])])
        else:
            ijt.append([int(row[0]), int(row[1])])
    nelt, nelc = len(ijt), len(ijc)           # 圧縮 / 引張材の数
    return r, ijt, ijc, nod, nelt, nelc


def output(fname, r, nod, ijt, ijc, nelt, nelc, b, lam):
    writer = csv.writer(open(fname, 'w', newline=''))
    writer.writerow(['X', 'Y', 'Z'])   # タイトル行
    [writer.writerow([r[i, 0], r[i, 1], r[i, 2]])
     for i in range(nod)]                     # 節点座標の書き込み
    writer.writerow([])                       # 1 行あける
    writer.writerow(['I', 'J', 'CorT', 'Axial Force']) # タイトル行
    [writer.writerow([ijc[e][0], ijc[e][1], 0, lam[e]])
     for e in range(nelc)]                    # 圧縮材情報の書き込み
    [writer.writerow([ijt[e][0], ijt[e][1], 1, b[e]])
     for e in range(nelt)]                    # 引張材情報の書き込み


def length(r, ijt, ijc, nelt, nelc):
    lght, lghc = [], []                       # 圧縮 / 引張材の長さのリスト
    for e in range(nelt):
        i, j = ijt[e][0], ijt[e][1]
        xl, yl, zl = r[i, 0] - r[j, 0], r[i, 1] - r[j, 1], r[i, 2] - r[j, 2]
        lght.append(math.sqrt(xl**2 + yl**2 + zl**2)) # 引張材の部材長計算
    for e in range(nelc):
        i, j = ijc[e][0], ijc[e][1]
        xl, yl, zl = r[i, 0] - r[j, 0], r[i, 1] - r[j, 1], r[i, 2] - r[j, 2]
        lghc.append(math.sqrt(xl**2 + yl**2 + zl**2)) # 圧縮材の部材長計算
```

*162*    7. コンピューテーショナル・デザインの事例

```python
        return np.array(lght), np.array(lghc)  # リスト→ array に変換して要素長さを返す


def dlengthtc(r, ijt, ijc, nod, lght, lghc, nelt, nelc):
    nablaLt, nablaLc = np.zeros([nod * 3, nelt]), np.zeros([nod * 3, nelc])
        for e in range(nelt):               # 引張材の長さの r に関する偏微分の計算
            i, j = ijt[e][0], ijt[e][1]
            xl, yl, zl = r[i, 0] - r[j, 0], r[i, 1] - r[j, 1], r[i, 2] - r[j, 2]
            nablaLt[i, e], nablaLt[j, e] = xl / lght[e], -xl / lght[e]
            nablaLt[nod + i, e], nablaLt[nod + j, e] = yl / lght[e], -yl / lght[e]
            nablaLt[nod * 2 + i, e], nablaLt[nod *
                                        2 + j, e] = zl / lght[e], -zl / lght[e]

        for e in range(nelc):               # 圧縮材の長さの r に関する偏微分の計算
            i, j = ijc[e][0], ijc[e][1]
            xl, yl, zl = r[i, 0] - r[j, 0], r[i, 1] - r[j, 1], r[i, 2] - r[j, 2]
            nablaLc[i, e], nablaLc[j, e] = xl / lghc[e], -xl / lghc[e]
            nablaLc[nod + i, e], nablaLc[nod + j, e] = yl / lghc[e], -yl / lghc[e]
            nablaLc[nod * 2 + i, e], nablaLc[nod *
                                        2 + j, e] = zl / lghc[e], -zl / lghc[e]

return nablaLt, nablaLc
```

ここで，input はファイルを読み込む関数，output は結果を csv ファイルとして出力する関数，length は節点座標と部材節点関係から，引張材，圧縮材それぞれの長さのベクトル $l_c$, $l_t$ を計算する関数，dlengthtc は引張材，圧縮材それぞれの長さの節点座標に関する微分係数である $\partial l_t / \partial r$, $\partial l_c / \partial r$ を計算する関数である。

続いて，同じフォルダに，以下のような描画用のモジュール graph.py を用意しておく。

——— プログラム 7.2 描画のためのモジュール：graph.py ———

```python
import numpy as np
import matplotlib.pyplot as plt
from mpl_toolkits.mplot3d import Axes3D
from mpl_toolkits.mplot3d import proj3d
import os


def orthogonal_transformation(zfront, zback):  # 描画の手法を透視投影から平行投影に
変更
    a = 2 / (zfront - zback)
    b = -1 * (zfront + zback) / (zfront - zback)
    c = zback
    return np.array([[1, 0, 0, 0], [0, 1, 0, 0], [0, 0, a, b], [0, 0, 0, c]])


def plot_shape3D(r, ijt, ijc, xmin, xmax, ymin, ymax, zmin, zmax):     # 形状の
描画
    proj3d.persp_transformation = orthogonal_transformation
    fig = plt.figure()
    ax = Axes3D(fig)
    for e in ijt:
        i, j = e[0], e[1]
```

## 7.1 Python を用いたテンセグリティの形状決定と施工事例　163

```python
        ax.plot([r[i, 0], r[j, 0]], [r[i, 1], r[j, 1]], [
                r[i, 2], r[j, 2]], c='r', lw=1)        # 引張材の描画
    for e in ijc:
        i, j = e[0], e[1]
        ax.plot([r[i, 0], r[j, 0]], [r[i, 1], r[j, 1]], [
                r[i, 2], r[j, 2]], c='b', lw=5)        # 圧縮材の描画
    ax.plot(r[:, 0], r[:, 1], r[:, 2], c='gray',
            ls='none', marker='o', ms=10)             # 節点の描画
    ax.set_xlim(xmin, xmax), ax.set_ylim(
        ymin, ymax), ax.set_zlim(zmin, zmax)   # 描画範囲の指定
    ax.set_aspect('equal'), ax.set_axis_off() # 縦横比を等しくし，座標軸は表示し
ない
    plt.show()
```

最後に，停留条件式 (7.3) を計算し，式 (7.1b) との連立非線形方程式を解いて得られ
た結果を出力するプログラム tens.py を，つぎのように作成する。

――――― **プログラム 7.3 自己釣合い軸力を計算するプログラム：tens.py** ―――――

```python
import numpy as np
from scipy import optimize
import fem
import graph
import os

def lagrange(x, w, ijt, ijc, nod, nelt, nelc, lc_bar): # 停留条件関数
    r[:, 0], r[:, 1], r[:, 2] = x[:nod], x[nod:nod * 2], x[nod * 2:nod * 3]
    lam = x[nod * 3:]
    lght, lghc = fem.length(r, ijt, ijc, nelt, nelc)
    nablaLt, nablaLc = fem.dlengthtc(r, ijt, ijc, nod, lght, lghc, nelt, nelc)
    b = np.array([4.0 * w[e] * lght[e]**3 for e in range(nelt)])
    f1 = nablaLt.dot(b) + nablaLc.dot(lam)
    f2 = lghc - lc_bar
    return np.r_[f1, f2]


filename = '20_face_pieces'
inputfilename = 'datain/' + filename + '.csv'
r, ijt, ijc, nod, nelt, nelc = fem.input(inputfilename) # 形状と要素節点関係の読
み込み
xmin, xmax, ymin, ymax, zmin, zmax =\
    np.min(r), np.max(r), np.min(r), np.max(r), np.min(r), np.max(r)
graph.plot_shape3D(r, ijt, ijc, xmin, xmax, ymin,
                    ymax, zmin, zmax)   # 初期形状の描画（確認用）
lght, lghc = fem.length(r, ijt, ijc, nelt, nelc) # 部材長の計算
lc_bar = lghc * 1.0        # 圧縮材の長さの指定値（ここでは初期形状の値とする）
lam = np.zeros(nelc)
x = np.r_[r[:, 0], r[:, 1], r[:, 2], lam]
w = [1.0] * len(lght)
x = optimize.root(lagrange, x, args=(w, ijt, ijc, nod, nelt, nelc, lc_bar)).x
r[:, 0], r[:, 1], r[:, 2] = x[:nod], x[
    nod:nod * 2], x[nod * 2:nod * 3]   # 最適解を節点座標へ書き込む
b, lam = np.array(
    [4.0 * w[e] * lght[e]**3 for e in range(nelt)]), x[nod * 3:]   # 軸力モード
計算
dir = 'dataout/'
```

```
outputfilename = dir + filename + '_opt.csv'

try:                        # dataoutフォルダの存在有無を調べ，なければ新規作成する
    os.stat(dir)
except:
    os.mkdir(dir)
fem.output(outputfilename, r, nod, ijt, ijc,
        nelt, nelc, b, lam)           # 最適形状と軸力モードの出力
xmin, xmax, ymin, ymax, zmin, zmax =\
    np.min(r), np.max(r), np.min(r), np.max(r), np.min(r), np.max(r)
graph.plot_shape3D(r, ijt, ijc, xmin, xmax, ymin, ymax, zmin, zmax) # 最適形状
の描画
```

ここでは，重み係数 $w_i$ は一律に 1 とし，ラングランジュ乗数の初期値は一律に 0 としている．式 (7.3) と式 (7.1b) の連立非線形方程式を解いているのは，optimize.root(...) の部分のたった 1 行である．root は連立非線形方程式を解く SciPy の最適化モジュール内の関数であり，root(方程式, 変数) の形で記述される．方程式の引数に変数以外のパラメータ（定数）項を含む場合，args=(定数 1, 定数 2, ...) の形で追記する．

tens.py を実行することで，自己釣合い軸力の存在するテンセグリティの形状とその軸力を，図 7.3 および 20_face_pieces_opt.csv のように得ることができた．

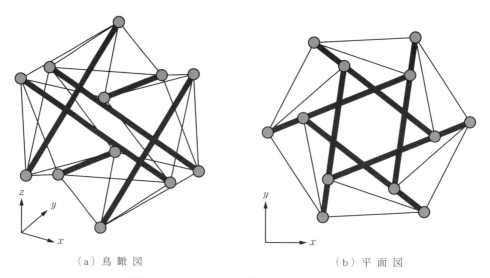

(a) 鳥瞰図　　　　　　　　　　(b) 平面図

図 7.3　tens.py により得られたテンセグリティ

dataout/20_face_pieces_opt.csv

```
X,Y,Z
4.40440524659,-6.94180619637,0.176971083269
5.86810253978,3.79790237658,0.177136964286
-1.79602848788,-6.0969960032,15.5056914218
-0.332331195152,4.64271257013,15.5058573032
-4.16460655281,-0.304352868898,0.177160065777
-7.50874965114,-1.67194184033,10.3962675275
```

## 7.2 「東京計画 1960」のオフィス群配置デザインの再現プログラム 165

```
11.5808237033,-0.627151785811,5.2865608582
8.23668060514,-1.99474075746,15.5056683202
-2.28402084952,-9.6767283036,5.28653636342
7.26083577776,-9.1544611952,10.3960078512
-3.1887617261,6.85536756913,5.28682053478
6.35609490202,7.37763467718,10.3962920221

I,J,CorT,Axial Force
4,9,0,-12476.7742431
0,11,0,-12476.7742431
1,5,0,-12476.7742397
2,6,0,-12476.7742406
3,8,0,-12476.7742441
7,10,0,-12476.7742444
0,4,1,5236.2077554
0,1,1,5236.20775505
1,4,1,5236.2077554
4,8,1,5236.20775637

0,6,1,5236.20775214
1,10,1,5236.20775562
0,9,1,5236.20775029
4,5,1,5236.20774766
1,11,1,5236.20775029
8,9,1,5236.20775303
5,8,1,5236.207751
6,9,1,5236.207751
5,10,1,5236.207751
6,11,1,5236.207751
10,11,1,5236.20775303
2,8,1,5236.20775163
6,7,1,5236.207749
3,10,1,5236.20775163
2,9,1,5236.20775645
3,5,1,5236.20775297
7,11,1,5236.2077572
2,7,1,5236.2077554
2,3,1,5236.20775505
3,7,1,5236.2077554
```

　得られた形状をもとに，自重や風荷重などを考慮したうえで適切な導入軸力を決定し，構造設計を行った．施工上の理由でサイズを縮小することとなったが，Python により得られたテンセグリティと相似な形状のテンセグリティを図7.1のように施工することができた．

## 7.2 「東京計画 1960」のオフィス群配置デザインの再現プログラム

### 7.2.1 「東京計画 1960」の概要

　「東京計画 1960」は，丹下健三研究室のメンバーによって 1961 年に発表された．この東京湾上に展開される巨大な計画は，デザイン重視のプロジェクトであるとみなされがちだ

が，必ずしもそうとは言いきれない。計画の背後には，1950年代を通して行われた東京に対する綿密なリサーチ活動があり，「**東京計画 1960**」は，デザインのみならず丹下研究室のリサーチにおいても提言を含んだプロジェクトであったからである。

それを示すように，プロジェクトノートの前半には綿密なリサーチがまとめられ，後半にはデザインがまとめられた[3]。リサーチセクションでは，統計データなどを用いて，東京の都市構造が抱える問題や，今後の都市のあるべき姿が示された。デザインセクションでは，サイクル・トランスポーテーションと呼ばれる交通システムをもつ都市軸と，都市軸上に配置されるオフィスエリア，海上に浮かべられる住宅エリアの3つが提案された。

デザインセクションに収められているそれぞれのデザインは，その特徴的な形態，配置構成等の美しさからよく知られているが，20年後に東京の人口が1 500万人になるという予測に基づいており，人口過密化に対する解決法の提案として発表されたことは，あまり知られていない。

1961年元旦のNHKの特集番組にてはじめて発表された「東京計画 1960」の実質的な計画期間は，東京湾上を舞台とした壮大な計画にもかかわらず3か月という短いものであった。図面から模型が製作されるという通常の手順とは異なり，図面と模型の製作は同時並行的に進められ，都市軸，オフィスエリア，住宅エリアをそれぞれ別の担当者が作業を行い，その模型製作は外部へ委託された[4]。インターネットのような通信手段もない時代に，相互の確認もままならないような状態で，別々の場所で同時並行的に作業を行ったにもかかわらず，部分から全体に至るまで見事に統合されたデザインへと昇華させることができたのは，その明確なデザインコンセプトとデザインシステム，共通言語となった寸法体系があったからである。

### 7.2.2　丹下モデュールと「東京計画 1960」

**丹下モデュール**は，コルビュジエ（Le Corbusier）のモデュロールを基礎とし，丹下およびそのスタッフ達による長年の模索を通して考案された寸法体系である。この寸法体系は，建築・都市を1つの寸法体系でコーディネイトするためのツールとして考案され，丹下研究室内の共通言語として機能した。

広島平和記念公園から使用が開始され，外務省コンペや東京都庁舎において用いられたが，初期の丹下モデュールは工業製品の規格寸法と合っていなかったため，建物全体の尺度を統一することはできなかった。この問題をふまえて 300 : 600 : 900 : 1 500 : … 〔mm〕というモデュロールが採用された香川県庁舎では，900割のガラス部材が活用できるなど，ディテール部分を含む建物全体の尺度の統一に成功した。

その後，100 : 165 : 265 : 430 : 695 : 1 125 : 1 820 : … 〔mm〕という日本の規格になじむ伝統的な寸法を含むモデュールが，墨会館において考案された。1957年竣工の墨会館（一

宮市）以降のプロジェクトは，1 820 mm を含む寸法体系でデザインが行われており，広島平和記念公園から始まった寸法体系の模索は，この 1 820 モジュールに落ち着いたといってよい。また，丹下モジュールは，スタッフ全員が使用を義務付けられ，丹下研究室の設計活動においてなくてはならない共通言語でもあった[5]。

「東京計画 1960」では，**図 7.4** のような 3D CAD を用いた CG 復元作業を通して，1 820 モジュールが使用されていることが明らかとなっている。「東京計画 1960」の分析・CG 復元において，丹下モジュールは単に寸法を補うにとどまらず，広場等の外部空間を含めた各エレメントの配置構成の再現における重要な判断基準となった[6]。

**図 7.4** 図面と模型写真から行った「東京計画 1960」の CG 復元画像

以下では，「東京計画 1960」の CG 復元作業の概要を紹介する。この復元作業は，計画の主担当であった神谷宏治のアドバイスのもとで行われた。

### 7.2.3 オフィスエリアの概要とそのシステム

オフィスエリアを担当したのは磯崎 新であり，垂直なコアと水平なスラブによるデザインは，1960 年に発表された「新宿計画（淀橋浄水場跡地開発計画）」において考えられたアイデアであった。エレベータや設備などが納められる交通やインフラを支えるコアと，コア間にブリッジ状に架けられたスラブによって，3 次元的に空間がネットワーク化されている。このアイデアは，後の「築地計画」においても応用され，**ジョイント・コア・システム**と呼ばれる手法へと発展し，「山梨文化会館」（甲府市）において実現に至った。

**図 7.5** に示すように，「東京計画 1960」のオフィスエリアの図面から割り出される寸法を追っていくと，丹下モジュールによって各要素の配置やデザインが行われていることが確かめられる。図面では，10 層と 20 層のブリッジ・ユニット（以下：ブリッジ）が噛み合うように組まれているが，残された模型写真と**図 7.6** に示すパースから，20 層のブリッジの高さ寸法からなるフロアレベルを基準に各ブリッジが配置されていることがわかった。また，

## 7. コンピューテーショナル・デザインの事例

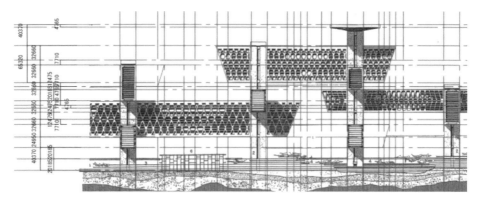

**図 7.5** 10層と20層のブリッジ高さ割り出し（「オリジナル立図面・出典：丹下健三研究室，東京計画その構造改革の提案，新建築，3月号，pp.3〜79（1961）」をもとに作成）

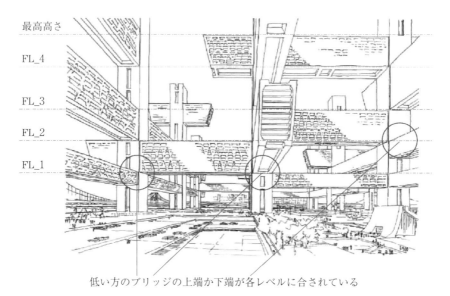

低い方のブリッジの上端か下端が各レベルに合されている

**図 7.6** パースに見られる配置ルール（「磯崎新によるパース・所蔵：東京大学都市デザイン研究室」をもとに作成）

磯崎は，敷地図に模型を"ぶちまける"ことで，このオフィス群の配置を得たと証言している。これらの分析よりまとめたオフィスエリアの構成システムとデザインプロセスを，以下の Step 1〜3 のように整理することができる。

**Step 1：コアの配置**

4行5列のグリット上に，任意の数のコアがランダムに配置される。図 7.7 に示すように，コアのサイズは 32 660 mm×32 660 mm，コア間のスパンは 171 010 mm であり，コアの高さは 268 990 mm である。

**Step 2：ブリッジの配置**

Step 1 で配置されたコアのパターンに対して，ブリッジが配置される。10層と20層のブ

## 7.2 「東京計画1960」のオフィス群配置デザインの再現プログラム

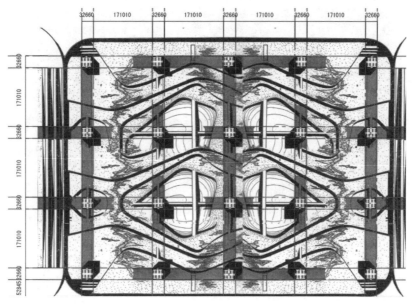

**図7.7** コア幅とスパンの寸法割り出し（「オリジナル平図面・出典：丹下健三研究室，東京計画その構造改革の提案，新建築，3月号，pp.3〜79（1961）」をもとに作成）

リッジが，長辺方向にそれぞれ1スパンに架け渡される場合と2スパンに架け渡される場合があり，合計4種類の架け渡しのパターンがあることが図面と模型から確認できた．図7.5に示すように，ブリッジの高さは10層が40 370 mm，20層が65 320 mmである．図7.6のパースより，平面方向はグリット状，断面方向は2つの寸法の組み合わせによって配置されており，20層のブリッジが積み上がってできるフロアレベルに対して，10層のブリッジが下端合せか上端合せで配置されていることがわかる．それぞれの下端位置は，**表7.1**に示す高さとなっている．

**表7.1** 各ブリッジ下端位置の高さ〔mm〕

| 20層 | 65 320 | 130 640 | 195 960 | ―― |
|---|---|---|---|---|
| 10層 | 24 950 | 90 270 | 155 590 | 220 910 |

**Step 3：形態と配置構成の選択**

Step 2でルールに従って配置されたブリッジの全配置パターンから，デザインを構成するブリッジの配置パターンがランダムに取捨選択される．

**図7.8**に示すように，斜めにカットされたブリッジが3次元的にネットワーク化され，ランダムな配置パターンが与えられている．磯崎の証言から，ブリッジ配置は"ぶちまける"という不確定な方法よりその粗密のパターンが決定されたが，ぶちまけただけでは図面や模型のようなプロポーションにはなりえないため，Step 2の配置ルールにおいてなんらかの調整が行われたと判断できる．

170    7. コンピューテーショナル・デザインの事例

図7.8　ブリッジの斜めの形態とランダムな配置構成

### 7.2.4　Python スクリプトの実行結果とその解説

7.2.3項の各ステップのデザイン操作を，3Dモデル空間内でのシミュレーションへと置き換え，各ステップの配置パターンの生成と確認を行うことを目的に，**Rhinoceros+Grasshopper** の Python スクリプトを用いて開発された「東京計画1960」のオフィス群配置デザインの再現プログラムについて解説する。Grasshopper の特徴であるグラフィカルアルゴリズムエディタを用いた**ビジュアルプログラミング**を活用することで，**図7.9**（口絵参照）に示すように，建築形態や配置といった建築デザインの主要素を定義するパラメータ（寸法）を視覚的に明確化することができ，コンポーネントのつながりから，各ステップでのデザイン操作も明確に示すことができる。

Grasshopper には BOX 等の単純なジオメトリを生成するコンポーネントや移動等のジオ

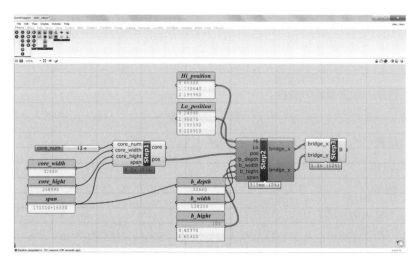

図7.9　Grasshopper 定義ファイルに示されるコンポーネント接続図

メトリ操作のほか，VB や C#，Python によるオリジナルコンポーネント開発にも対応している。図 7.9 中の「Step 1」，「Step 2」，「Step 3」は Python コンポーネントであり，それぞれ，以降で解説する Step1.py，Step2.py，Step3.py が記述されている。図 7.9 の図中のスライダの値，黄色のパネルに記述されたテキストがパラメータとして入力される。

・下記の Step1.py のスクリプトを実行すると，パラメータで設定した本数のコアが，**図 7.10** に示すように配置される。

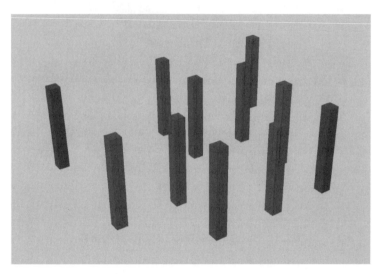

**図 7.10**　Step 1 が実行された結果

**Step1.py**

```
#-----------------------------------------------------------------
import ghpythonlib.components as gh  # 内部モジュール ghpythonlib.components を gh
                                     # という名前で読み込む
import random            # 内部モジュール random を読み込む

ArrayPoint=[]            # 生成された配置位置を格納
pos=[]                   # 選択された配置位置を格納
core=[]                  # 生成されたコアを格納

# 4 行 5 列のコア配置位置の生成
for i in range(0,5):
    for ii in range(0,4):
    p=gh.ConstructPoint(i*span,ii*span,0)
    ArrayPoint.append(p)

# core_num（得たいコアの本数）となるまで配置位置を無作為に選択してコアを生成
while len(pos) < core_num:
    id=random.randrange(0,len(ArrayPoint))
    if id not in pos:
        pos.append(ArrayPoint[id])
        cpos_z=gh.ConstructPoint(ArrayPoint[id][0],ArrayPoint[id][1],
```

```
            ArrayPoint[id][2]+268990/2)core.append(gh.CenterBox(cpos_z,core_
            width/2,core_width/2,core_hight/2))
```

・下記の Step2.py のスクリプトを実行すると，パラメータで設定した本数のコアとブリッジが，図 7.11 に示すように配置される。

**図 7.11** Step 1 および Step 2 が実行された結果

**Step2.py**

```
#----------------------------------------------------------------
import ghpythonlib.components as gh  # 内部モジュール ghpythonlib.components を
gh という名前で読み込む
import random    # 内部モジュール random を読み込む

b_pos_x=[]       # y 方向に架かるブリッジが配置されるコアの配置位置を格納
b_pos_y=[]       # x 方向に架かるブリッジが配置されるコアの配置位置を格納
bridge_x=[]      # 生成されたブリッジ（y 方向）を格納
bridge_y=[]      # 生成されたブリッジ（x 方向）を格納

# Step1 にて生成されたコアの配置パターンからブリッジ生成に関する情報の取得
for i in range(0,len(pos)):
    for ii in range(0,len(pos)):
# Step1 で生成されたコア配置間の距離が 2 スパン以内の組み合わせに対して実行
        if i != ii and gh.Distance(pos[i],pos[ii]) <=span*2:
# y 座標が等しいコアの組み合わせに対して実行（x 方向に架かるブリッジの生成情報の取得）
            if pos[i][1] == pos[ii][1]:
# w にてコア間の距離を取得, c にてコアとコアの中心位置を取得
                w=gh.Distance(pos[i],pos[ii])
                c=gh.DivideCurve(gh.Line(pos[i],pos[ii]),2).points[1]
                pair=[c,w]
                if pair not in b_pos_x:
                    b_pos_x.append(pair)
# x 座標が等しいコアの組み合わせに対して実行（y 方向に架かるのブリッジ生成情報の取得）
            if pos[i][0] == pos[ii][0]:
```

## 7.2 「東京計画 1960」のオフィス群配置デザインの再現プログラム    173

```python
# w にてコア間の距離を取得，c にてコアとコアの中心位置を取得
                w=gh.Distance(pos[i],pos[ii])
                c=gh.DivideCurve(gh.Line(pos[i],pos[ii]),2).points[1]
                pair=[c,w]
                if pair not in b_pos_y:
                    b_pos_y.append(pair)


# x 方向に架かるブリッジの生成
for i in range(0,len(b_pos_x)):
# b_z にて低いブリッジの断面方向配置位置を生成，yz_pos にて低いブリッジを生成するための基
点生成
    b_z=Lo[random.randrange(0,len(Lo))]
    xz_pos=gh.ConstructPoint(b_pos_x[i][0][0],b_pos_x[i][0][1],b_z)
# 生成された基点に x 方向に架かる低いブリッジの生成
    b=gh.CenterBox(gh.XYPlane(xz_pos),b_pos_x[i][1]/2+b_width/2,b_depth/2,b_
hight[0]/2)
    bridge_x.append(b)
for i in range(0,len(b_pos_x)):
# b_z にて高いブリッジの断面方向配置位置を生成，yz_pos にて低いブリッジを生成するための基
点生成
    b_z=Hi[random.randrange(0,len(Hi))]
# 生成された基点に x 方向に架かる高いブリッジの生成
    xz_pos=gh.ConstructPoint(b_pos_x[i][0][0],b_pos_x[i][0][1],b_z)
    b=gh.CenterBox(gh.XYPlane(xz_pos),b_pos_x[i][1]/2+b_width/2,b_depth/2,b_
hight[1]/2)
    bridge_x.append(b)


# y 方向に架かるブリッジの生成
for i in range(0,len(b_pos_y)):
# b_z にて低いブリッジの断面方向配置位置を生成，yz_pos にて低いブリッジを生成するための基
点生成
    b_z=Lo[random.randrange(0,len(Lo))]
    yz_pos=gh.ConstructPoint(b_pos_y[i][0][0],b_pos_y[i][0][1],b_z)
# 生成された基点に y 方向に架かる低いブリッジの生成
    b=gh.CenterBox(gh.XYPlane(yz_pos),b_depth/2,b_pos_y[i][1]/2+b_width/2,b_
hight[0]/2)
    bridge_y.append(b)
for i in range(0,len(b_pos_y)):
# b_z にて高いブリッジの断面方向配置位置を生成，yz_pos にて低いブリッジを生成するための基
点生成
    b_z=Hi[random.randrange(0,len(Hi))]
    yz_pos=gh.ConstructPoint(b_pos_y[i][0][0],b_pos_y[i][0][1],b_z)
# 生成された基点に y 方向に架かる高いブリッジの生成
    b=gh.CenterBox(gh.XYPlane(yz_pos),b_depth/2,b_pos_y[i][1]/2+b_width/2,b_
hight[1]/2)
    bridge_y.append(b)

# 生成されたブリッジが格納される bridge_x, bridge_y を無作為にシャッフルする
random.shuffle(bridge_x)
random.shuffle(bridge_y)
```

・下記の Step3.py のスクリプトを実行すると，図 7.12 に示すように Step 2 で生成され
た全ブリッジ配置パターンからブリッジがランダムに選別される。

174    7. コンピューテーショナル・デザインの事例

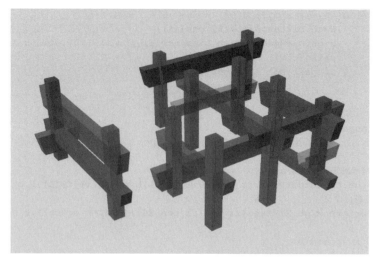

**図 7.12**   Step 1，Step 2 および Step 3 が実行された結果

Step3.py

```
#-------------------------------------------------------------
import ghpythonlib.components as gh # 内部モジュール ghpythonlib.components を gh
という名前で読み込む
import random            # 内部モジュール random を読み込む
xkeepList=[]             # x キープリスト：残すと判断されたブリッジ（x 方向）を格納
xdelList=[]              # x 削除リスト：削除すると判断されたブリッジ（x 方向）を格納
ykeepList=[]             # y キープリスト：残すと判断されたブリッジ（y 方向）を格納
ydelList=[]              # y 削除リスト：削除すると判断されたブリッジ（y 方向）を格納

# x 方向に架かるブリッジの選択
for i in range(0,len(bridge_x)):
    for ii in range(0,len(bridge_x)):
        if i != ii:
# ブリッジ i が x 削除リストにない場合実行
            if bridge_x[i] not in xdelList:
# ブリッジ ii が x キープリスト，x 削除リストにない場合，ブリッジ i とブリッジ ii に重なりがあ
るかないか判定
                if bridge_x[ii] not in xkeepList and bridge_x[ii] not in xdelList:
                    check=gh.BrepXBrep(bridge_x[i],bridge_x[ii]).curves
# 重なりがある場合ブリッジ i は x キープリストへ格納，ブリッジ ii は削除リストへ格納
                if check != None:
                    xkeepList.append(bridge_x[i])
                    xdelList.append(bridge_x[ii])

# y 方向に架かるブリッジの選択
for i in range(0,len(bridge_y)):
    for ii in range(0,len(bridge_y)):
        if i != ii:
# ブリッジ i が y 削除リストにない場合実行
            if bridge_y[i] not in ydelList:
# ブリッジ ii が y キープリスト，y 削除リストにない場合，ブリッジ i とブリッジ ii に重なりがあ
るかないか判定
                if bridge_y[ii] not in ykeepList and bridge_y[ii] not in ydelList:
```

7.2 「東京計画 1960」のオフィス群配置デザインの再現プログラム　　*175*

```
                check=gh.BrepXBrep(bridge_y[i],bridge_y[ii]).curves
# 重なりがある場合ブリッジ i は y キープリストへ格納，ブリッジ ii は削除リストへ格納
            if check != None:
                ykeepList.append(bridge_y[i])
                ydelList.append(bridge_y[ii])


xdelList=[]
ydelList=[]
B=[]


#---------------------------------------------------------------
# 以下 x キープリスト，y キープリスト内のブリッジ形態（端部を傾斜）に変更
for i in xkeepList:
    P=[]
    P.append(gh.BoxCorners(i)._0)
    P.append(gh.BoxCorners(i)._1)
    P.append(gh.BoxCorners(i)._2)
    P.append(gh.BoxCorners(i)._3)
    P.append(gh.BoxCorners(i)._4)
    P.append(gh.BoxCorners(i)._5)
    P.append(gh.BoxCorners(i)._6)
    P.append(gh.BoxCorners(i)._7)
    t=gh.Distance(P[0],P[4])
    P[0]=gh.ConstructPoint(P[0][0]+t/4,P[0][1],P[0][2])
    P[1]=gh.ConstructPoint(P[1][0]-t/4,P[1][1],P[1][2])
    P[2]=gh.ConstructPoint(P[2][0]-t/4,P[2][1],P[0][2])
    P[3]=gh.ConstructPoint(P[3][0]+t/4,P[3][1],P[1][2])
    B.append(gh.ConstructMesh((P[0],P[1],P[2],P[3])))
    B.append(gh.ConstructMesh((P[4],P[5],P[6],P[7])))
    B.append(gh.ConstructMesh((P[0],P[3],P[7],P[4])))
    B.append(gh.ConstructMesh((P[1],P[2],P[6],P[5])))
    B.append(gh.ConstructMesh((P[0],P[1],P[5],P[4])))
    B.append(gh.ConstructMesh((P[2],P[3],P[7],P[6])))


for i in ykeepList:
    P=[]
    P.append(gh.BoxCorners(i)._0)
    P.append(gh.BoxCorners(i)._1)
    P.append(gh.BoxCorners(i)._2)
    P.append(gh.BoxCorners(i)._3)
    P.append(gh.BoxCorners(i)._4)
    P.append(gh.BoxCorners(i)._5)
    P.append(gh.BoxCorners(i)._6)
    P.append(gh.BoxCorners(i)._7)
    t=gh.Distance(P[0],P[4])
    P[0]=gh.ConstructPoint(P[0][0],P[0][1]+t/4,P[0][2])
    P[1]=gh.ConstructPoint(P[1][0],P[1][1]+t/4,P[1][2])
    P[2]=gh.ConstructPoint(P[2][0],P[2][1]-t/4,P[0][2])
    P[3]=gh.ConstructPoint(P[3][0],P[3][1]-t/4,P[1][2])
    B.append(gh.ConstructMesh((P[0],P[1],P[2],P[3])))
    B.append(gh.ConstructMesh((P[4],P[5],P[6],P[7])))
    B.append(gh.ConstructMesh((P[0],P[3],P[7],P[4])))
    B.append(gh.ConstructMesh((P[1],P[2],P[6],P[5])))
    B.append(gh.ConstructMesh((P[0],P[1],P[5],P[4])))
    B.append(gh.ConstructMesh((P[2],P[3],P[7],P[6])))
```

## 7.3 その他の事例

### 7.3.1 形状決定ツールとしての応用例

本節で紹介する形状決定ツールは，7.2節と同様にRhinoceros+GrasshopperのPythonコンポーネントを用い，さらに，Karambaを用いて開発している。Karamba[7]は，C. PreisingerとBollinger-Grohmann-Schneider ZT GmbHが協力して開発した構造解析ソフトであり，Grasshopperのパラメトリック環境に組み込むことができる。

Karambaは，計画初期段階における構造解析ツールとして十分な要件を満たしているとされ，このシステムを用いることで，非専門家であってもパラメータ化されたジオメトリモデルと有限要素解析および最適化アルゴリズムを，簡便な手続きで結合できる。Karambaへ入力するためのジオメトリの処理やデータ処理に，GrasshopperのPythonコンポーネントを用いることで，Grasshopperのコンポーネントのみで構築される環境よりも，より効率的な処理が可能になる。

本項の事例紹介は，日埜直彦（日埜建築設計事務所），金田泰裕（yasuhirokaneda STRUCTURE）と協同したプロジェクトをもとにしている。この事例[8]では，スチール製単管パイプを室内の天井から吊るした際に生じる変位の計算と，初期形態から変形した形状の視覚化にKarambaを用いている。吊られる前の初期形態の生成には，RhinocerosのNURBSを用いた。そのパラメトリック化には，GrasshopperのPythonコンポーネントを用いており，複雑に3次元化された形態の生成とその制御，変位と応力分布の把握が，コンピュータグラフィックスによる視覚化を通して支援される。

入力される初期形態に対し，**図7.13**（口絵参照）に示すように変位と応力分布が連続的

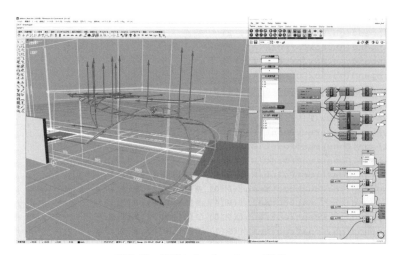

**図7.13** 形状シミュレーション画面

にシミュレートされ，画面上に視覚化されるため，その結果を観察し，意図する最終形態となる単管パイプの初期形態のスタディを行うことができる。シミュレーションを通して生成された形状は，図7.14のように実際にフレームとして施工された。

図7.14　施工されたフレーム

### 7.3.2　ディジタルファブリケーションツールとしての応用例

　ここで紹介するディジタルファブリケーションツールは，7.2.4項で紹介したRhinoceros+GrasshopperのPythonコンポーネントに加え，Association for Robots in Architectureが提供するKUKA|prcを用いて開発を行っている[9]。KUKA|prcを用いてロボットアームを操作するうえで必要となるデータ処理にPythonコンポーネントを用いることで，Grasshopperのコンポーネントのみでは難しい大量で複雑なデータの処理を効率的に行っている。

　ここで事例として示す伝統的な木彫り装飾加工の再現では[10]，Rhinocerosを用いての木彫り装飾の3Dモデル化を行い，そのジオメトリモデルのパラメトリック化にGrasshopperを使用し，加工シミュレーションと動作プログラムの出力にKUKA|prcを使用している。図7.15で示すような複雑な形態切削では，そのツールパスの生成においてCAD空間上に座標平面を大量に定義をする必要がある。

　図7.16に示すように，ロボットアームの先端（tool center point）の軌跡が長くなればなるほど制御に必要なCAD空間上の座標平面数が増えるため，ツールパスを生成するプログラムにPythonコンポーネントを組み込み，効率的にその処理を行う必要性が増す。KUKA|prcでは，軌道上に配置されたCAD空間上の座標平面を用いて，tool center pointの姿勢制御が行われる。Pythonを用いるこで，図7.15に示したような複雑な形態の切削にも加工シミュテーションが適用可能となる。

178　7. コンピューテーショナル・デザインの事例

図 7.15　岐阜県養老町指定文化財「高田祭 曳軸(ひきやま)
猩々軸(しょうじょうやま)」木彫の形状切削

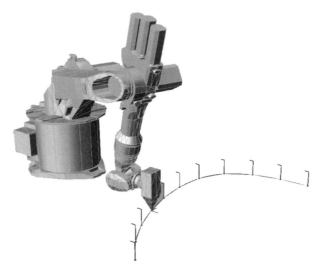

図 7.16　Tool center point の軌跡シミュレーション

# 引用・参考文献

## 1 章

1) ハーバード・サイモン 著，稲葉元吉，吉原英樹 訳：システムの科学（第3版），パーソナルメディア（1999）
2) 人工知能学会 監修，諏訪正樹，堀　浩一 編著：一人称研究のすすめ ―知能研究の新しい潮流，近代科学社（2015）
3) スティーヴン・ワインバーグ 著，赤根洋子，大栗博司 訳：科学の発見，文藝春秋（2016）
4) クリストファー・アレグザンダーほか 著，平田翰那 訳：パタン・ランゲージ ―環境設計の手引，鹿島出版会（1984）
5) 菊竹清訓：代謝建築論 ―か・かた・かたち，彰国社（1969）
6) 吉川弘之：一般設計学序説 ―一般設計学のための公理的方法，精密機械，**45**，536，pp. 906～912（1979）
7) R. D. Coyne, et al. 著，渡辺　俊，横澤正人 訳：デザインの知識工学，オーム社（1994）
8) H. Takeda, et al. : Modeling design processes, AI Magazine, **11**, 4, pp. 37～48（1990）
9) 吉阪隆正：コンビネーションとパーミュテイション，建築文化（1960）

## 2 章

1) 高安秀樹：フラクタル，朝倉書店（1986）

## 3 章

1) G. Stiny and J. Gips : Shape grammars and the generative specification of painting and sculpture, Proc. IFIP Congress 71, pp. 1460～1465（1971）
2) ウィリアム・ミッチェル 著，長倉威彦 訳：建築の形態言語 ―デザイン・計算・認知について，鹿島出版会（1991）
3) J. Burry and M. Burry : The New Mathematics of Architecture, Thames & Hudson（2012）
4) 浅野哲夫：計算幾何 ―理論の基礎から実装まで，アルゴリズム・サイエンスシリーズ，共立出版（2007）
5) 岡部篤行，鈴木敦夫：最適配置の数理，朝倉書店（1992）
6) 杉原厚吉：なわばりの数理モデル ―ボロノイ図からの数理工学入門，共立出版（2009）

## 4 章

1) 伊理正夫，古林　隆：ネットワーク理論，OR ライブラリー 12，日科技連出版社（1976）
2) B. Hillier and J. Hanson : The Social Logic of Space, Cambridge University Press（1984）
3) 湊　真一 編，ERATO 湊離散構造処理系プロジェクト 著：超高速グラフ列挙アルゴリズム ―〈フカシギの数え方〉が拓く，組合せ問題への新アプローチ，森北出版（2015）
4) 北岡正敏：例題でわかる待ち行列理論入門，日本理工出版会（2010）
5) 吉武泰水：建築計画の研究：建物の使われ方に関する建築計画的研究，鹿島出版会，pp. 29

~158（1964）

## 5　章

1)　加藤直樹, 大崎　純, 谷　明勲：建築システム論, 造形ライブラリー 3, 共立出版（2001）
2)　日本建築学会 編：建築最適化への招待, 丸善（2005）
3)　藤田慎之輔, 寒野善博, 大崎　純：Python の最適化ライブラリを用いた様々な構造最適化の実例, 第 39 回情報・システム・利用・技術シンポジウム論文集, 論文 R61, pp. 79～84（2016）
4)　藤田慎之輔, 寒野善博, 大崎　純：パラメトリック曲面として記述された極小曲面の形態創生手法, 日本建築学会構造系論文集, **82**, 738（2017）

## 6　章

1)　辻井潤一：知識の表現と利用, 人工知能シリーズ, 昭晃堂（1987）
2)　前原昭二：復刊 数理論理学序説, 共立出版（2010）
3)　松本和夫：復刊 数理論理学, 共立出版（2001）
4)　S. Törmä：Semantic linking of building information models, Proc. IEEE 7th International Conference on Semantic Computing（ICSC 2013）, pp. 412～419（2013）
5)　C. Mignard, G. Gesquiere and C. Nicolle：SIGA3D：A semantic BIM extension to represent urban environnement, Proc. Fifth Int. Conf. on Advances in Semantic Processing（SEMAPRO 2011）, No. c, pp. 81～86（2011）

## 7　章

1)　R. Motro：Tensegrity, Kogan Page Science（2003）
2)　三木優彰, 川口健一：張力構造の形状決定における応力密度法の拡張に関する基礎的考察, 構造工学論文集, Vol. 56（B）, pp. 533～538（2010）
3)　丹下健三研究室：東京計画その構造改革の提案, 新建築, 3 月号, pp. 3～79（1961）
4)　八束はじめ：メタボリズム・ネクサス, オーム社（2011）
5)　豊川斎赫：群像としての丹下研究室 ―戦後日本建築・都市史のメインストリーム, オーム社（2012）
6)　神谷宏治：住居群構成の概念と方法, 建築文化, 6 月号, pp. 90～95（1961）
7)　Karamba 3d, http://www.karamba3d.com/,（2017）
8)　水谷晃啓, 滝内雄三, 清水優里：対話型構造解析プログラムを援用して行う建築形態スタディ方法 ―対話的なシステムを用いた設計検討方法に関する研究, 日本建築設計学会, 論考 建築設計, pp. 1～8（2016）
9)　Association for Robots in Architecture, http://www.robotsinarchitecture.org/,（2017）
10)　高田祭曳軸：http://www.tagizou.com/main/cultural_properties/tangible_folk/bunkazai-012.html,（2017）

# 索　引

## 【あ】

| | |
|---|---|
| アイソビスト | 70 |
| アクセスグラフ | 84 |

## 【い】

| | |
|---|---|
| 遺伝的アルゴリズム | 115 |
| 意味ネットワーク | 140, 149 |

## 【え】

| | |
|---|---|
| エージェントモデル | 94 |

## 【お】

| | |
|---|---|
| オブジェクト | 29 |
| 重み付き線形和法 | 108 |

## 【か】

| | |
|---|---|
| 関数記号 | 146 |
| 完全グラフ | 65 |

## 【き】

| | |
|---|---|
| 疑似焼きなまし法 | 116 |
| 行　列 | 87 |
| 極小曲面 | 133 |
| 許容解 | 107 |
| 許容領域 | 107 |
| 距　離 | 70 |

## 【く】

| | |
|---|---|
| クラス | 29 |
| グラフ | 149 |
| グランドストラクチャ法 | 124 |

## 【け】

| | |
|---|---|
| 計算幾何学 | 57 |
| 継　承 | 151 |
| 形状最適化 | 121 |
| 形態文法 | 40 |
| 経　路 | 64, 70 |

## 【こ】

| | |
|---|---|
| 格子グラフ | 84 |
| 恒真式 | 143 |
| 構造最適化問題 | 120 |
| 勾配ベクトル | 109 |

| | |
|---|---|
| 公　理 | 144 |
| コンプライアンス | 125 |

## 【さ】

| | |
|---|---|
| 再帰プログラミング | 26 |
| 最急降下法 | 109 |
| 再帰呼出し | 26 |
| 最適性条件法 | 114 |
| サブクラス | 29 |

## 【し】

| | |
|---|---|
| ジェネレーター | 98 |
| 自己相似 | 35 |
| 自己釣合い軸力 | 158 |
| 指数分布 | 91 |
| 施設配置最適化問題 | 117 |
| 自然演繹 | 144 |
| シミュレーション | 88 |
| 述語記号 | 146 |
| 述語論理 | 140 |
| ジョイント・コア・システム | 167 |
| 証　明 | 144 |
| 真理値 | 142 |
| 真理値表 | 142 |

## 【す】

| | |
|---|---|
| 推　論 | 140 |
| 推論規則 | 140, 144 |
| 数理計画法 | 109 |
| スター | 70 |
| スプライン曲線 | 50 |
| スプライン曲面 | 50 |
| スペースシンタックス | 70 |

## 【せ】

| | |
|---|---|
| 制御多角形 | 50 |
| 制御点 | 50 |
| 制御ネット | 50 |
| 制約法 | 108 |
| 宣言的知識 | 139 |
| 全称記号 | 146 |
| 全称例化 | 147 |
| 全体剛性行列 | 128 |

## 【そ】

| | |
|---|---|
| 存在記号 | 146 |

## 【た】

| | |
|---|---|
| ダイクストラ法 | 65 |
| タブー探索法 | 116 |
| タプル | 12 |
| 多目的計画法 | 108 |
| 多目的最適化問題 | 107 |
| 単一目的最適化問題 | 107 |
| 丹下モデュール | 166 |

## 【ち】

| | |
|---|---|
| 逐次構成法 | 57 |
| 逐次2次計画法 | 115 |
| 知識表現 | 139 |
| 知識表現と推論 | 139 |

## 【つ】

| | |
|---|---|
| ツリー | 65 |

## 【て】

| | |
|---|---|
| 定義多角形 | 50 |
| 定数記号 | 146 |
| 定　理 | 144 |
| 手続的知識 | 139 |
| テンセグリティ | 157 |
| テンソル積ベジエ曲面 | 54 |

## 【と】

| | |
|---|---|
| 東京計画 1960 | 166 |
| 凸　包 | 58 |
| トポロジー最適化 | 121 |

## 【に】

| | |
|---|---|
| 2部グラフ | 65 |

## 【は】

| | |
|---|---|
| 発見的手法 | 109 |
| パレート最適解 | 108 |
| バーンスタイン基底関数 | 50 |

## 【ひ】

| | |
|---|---|
| 非一様有理スプライン | 54 |

| | | | | | | |
|---|---|---|---|---|---|---|
| 菱形継承問題 | 152 | 待ち行列理論 | 87 | **【れ】** | | |
| ビジュアルプログラミング | 170 | **【め】** | | 列挙問題 | 80 | |
| **【ふ】** | | 命 題 | 141 | **【ろ】** | | |
| 符号付き面積 | 58 | 命題記号 | 141 | 論理記号 | 141,146 | |
| 部材剛性行列 | 128 | 命題論理 | 141 | 論理定数 | 141,146 | |
| フラクタル図形 | 35 | **【も】** | | **【欧字】** | | |
| **【へ】** | | モーダスポーネンス | 140 | BIM | 139 | |
| 閉 路 | 64 | **【ゆ】** | | CAD | 30 | |
| ベジエ曲線 | 50 | 有向グラフ | 149 | CG | 30 | |
| ベジエ曲面 | 50 | ユーザーライブラリ | 25 | GA | 115 | |
| ヘッセ行列 | 115 | **【ら】** | | has-a 関係 | 150 | |
| ペナルティー法 | 112 | ラインサーチ | 110 | Int.V 値 | 70 | |
| 変数記号 | 146 | ラグランジュ関数 | 114 | is-a 関係 | 150 | |
| **【ほ】** | | ラグランジュ乗数 | 114 | kd-tree | 78 | |
| ポアソン分布 | 90 | ラグランジュの未定乗数法 | 114 | made-of 関係 | 150 | |
| 母 点 | 61 | **【り】** | | NURBS | 54 | |
| ボロノイ図 | 61 | リスト | 12 | part-of 関係 | 150 | |
| ボロノイ辺 | 61 | 量化記号 | 146 | RA 値 | 70 | |
| ボロノイ領域 | 61 | 量化子 | 146 | RRA | 70 | |
| **【ま】** | | | | SA | 116 | |
| 待ち行列シミュレーション | 86 | | | TS | 116 | |
| | | | | ZDD | 85 | |

**【Python 関連用語】**

| | | | | | |
|---|---|---|---|---|---|
| Anaconda | 8 | jit | 136 | random | 18 |
| csv | 19 | lambda | 24 | return | 15 |
| def | 15 | math | 17 | Rhinoceros | 170 |
| for | 14 | matplotlib | 21 | SciPy | 24 |
| generator | 99 | numba | 136 | SimPy | 98 |
| Grasshopper | 170 | NumPy | 23 | turtle | 19 |
| if | 13 | open | 16 | while | 14 |
| import | 17 | pip | 9 | | |

──── 著 者 略 歴 ────

**藤井　晴行**（ふじい　はるゆき）
1983 年　早稲田大学理工学部建築学科卒業
1985 年　早稲田大学大学院理工学研究科博士前期課程修
　　　　　了（建設工学専攻）
1985 年　清水建設株式会社勤務
1994 年　米国カーネギーメロン大学大学院人文社会科学
　　　　　研究科修士課程修了（哲学専攻計算言語学コー
　　　　　ス）
1998 年　博士（工学）（早稲田大学）
1999 年　東京工業大学講師
2000 年　東京工業大学大学院助教授
2007 年　東京工業大学大学院准教授
2015 年　東京工業大学大学院教授
　　　　　現在に至る

**大崎　純**（おおさき　まこと）
1983 年　京都大学工学部建築学科卒業
1985 年　京都大学大学院工学研究科修士課程修了（建築
　　　　　学専攻）
1985 年　京都大学助手
1993 年　博士（工学）（京都大学）
1996 年　京都大学大学院助教授
2007 年　京都大学大学院准教授
2010 年　広島大学大学院教授
2015 年　京都大学大学院教授
　　　　　現在に至る

**渡辺　俊**（わたなべ　しゅん）
1985 年　早稲田大学理工学部建築学科卒業
1987 年　早稲田大学大学院理工学研究科博士前期課程修
　　　　　了（建設工学専攻）
1989 年　早稲田大学助手
1993 年　博士（工学）（早稲田大学）
1993 年　早稲田大学講師
1994 年　筑波大学講師
1998 年　筑波大学助教授
2007 年　筑波大学大学院准教授
2013 年　筑波大学大学院教授
　　　　　現在に至る

**長坂　一郎**（ながさか　いちろう）
1990 年　早稲田大学理工学部建築学科卒業
1992 年　英国建築協会付属建築学校修了
1993 年　株式会社フェイズ計画研究所勤務
1998 年　東京大学大学院工学系研究科博士課程修了（精
　　　　　密機械工学専攻），博士（工学）
1999 年　神戸大学助手
2003 年　神戸大学大学院助教授
2007 年　神戸大学大学院准教授
2015 年　神戸大学大学院教授
　　　　　現在に至る

**水谷　晃啓**（みずたに　あきひろ）
2007 年　芝浦工業大学工学部建築工学科卒業
2009 年　芝浦工業大学大学院修士課程修了（建設工学専
　　　　　攻）
2009 年　隈研吾建築都市設計事務所勤務（プロジェクト
　　　　　契約）
2010 年　SAITO ASSOCIATES 勤務
2013 年　芝浦工業大学大学院博士後期課程修了（地域環
　　　　　境システム専攻），博士（工学）
2013 年　芝浦工業大学博士研究員
2014 年　豊橋技術科学大学大学院助教
2017 年　豊橋技術科学大学大学院講師
　　　　　現在に至る

**小林　祐貴**（こばやし　ゆうき）
2011 年　京都大学工学部建築学科卒業
2013 年　京都大学大学院工学研究科修士課程修了（建築
　　　　　学専攻）
2015 年　東京工業大学大学院助教
　　　　　現在に至る

**藤田慎之輔**（ふじた　しんのすけ）
2008 年　名古屋大学工学部社会環境工学科卒業
2010 年　京都大学大学院工学研究科修士課程修了（建築
　　　　　学専攻）
2010 年　有限会社金箱構造設計事務所勤務
2012 年　株式会社 Dawn of the New Architecture 共同設
　　　　　立（2016 年　株式会社 DN-Archi に改組）
2013 年　広島大学大学院工学研究科博士課程修了（建築
　　　　　学専攻），博士（工学）
2016 年　東京工業大学大学院助教
　　　　　現在に至る

**安田　渓**（やすだ　けい）
2012 年　京都大学工学部建築学科卒業
2014 年　京都大学工学研究科修士課程修了（建築学専攻）
2014 年　京都大学工学研究科建築学専攻博士課程
　　　　　現在に至る

### デザイン・コンピューティング入門
――Pythonによる建築の形態と機能の生成・分析・最適化――
Introduction to Design Computing
――Python Programming for Generation, Simuration and Optimization of
Architectural Form and Function――

Ⓒ 一般社団法人 日本建築学会 2017

2017年9月28日　初版第1刷発行

| | | |
|---|---|---|
| 検印省略 | 編　者 | 一般社団法人　日本建築学会 |
| | 発 行 者 | 株式会社　コロナ社 |
| | 代 表 者 | 牛来真也 |
| | 印 刷 所 | 萩原印刷株式会社 |
| | 製 本 所 | 有限会社　愛千製本所 |

112-0011　東京都文京区千石4-46-10
発行所　株式会社　コロナ社
CORONA PUBLISHING CO., LTD.
Tokyo Japan
振替00140-8-14844・電話(03)3941-3131(代)
ホームページ　http://www.coronasha.co.jp

ISBN 978-4-339-05254-1　C3052　Printed in Japan　　　　（高橋）

JCOPY　〈出版者著作権管理機構　委託出版物〉
本書の無断複製は著作権法上での例外を除き禁じられています．複製される場合は，そのつど事前に，出版者著作権管理機構（電話 03-3513-6969，FAX 03-3513-6979，e-mail: info@jcopy.or.jp）の許諾を得てください．

本書のコピー，スキャン，デジタル化等の無断複製・転載は著作権法上での例外を除き禁じられています．購入者以外の第三者による本書の電子データ化及び電子書籍化は，いかなる場合も認めていません．
落丁・乱丁はお取替えいたします．

# 環境・都市システム系教科書シリーズ

(各巻A5判，14.のみB5判)

■編集委員長　澤　孝平
■幹　　　事　角田　忍
■編集委員　荻野　弘・奥村充司・川合　茂
　　　　　　嵯峨　晃・西澤辰男

| 配本順 | | 書名 | 著者 | 頁 | 本体 |
|---|---|---|---|---|---|
| 1. | （16回） | シビルエンジニアリングの第一歩 | 澤　孝平・嵯峨　晃<br>川合　茂・角田　忍<br>荻野　弘・奥村充司<br>西澤辰男 共著 | 176 | 2300円 |
| 2. | （1回） | コンクリート構造 | 角田　忍<br>竹村　和夫 共著 | 186 | 2200円 |
| 3. | （2回） | 土質工学 | 赤木知之・吉村優治<br>上　俊二・小堀慈久<br>伊東　孝 共著 | 238 | 2800円 |
| 4. | （3回） | 構造力学Ⅰ | 嵯峨　晃・武田八郎<br>原　隆・勇　秀憲 共著 | 244 | 3000円 |
| 5. | （7回） | 構造力学Ⅱ | 嵯峨　晃・武田八郎<br>原　隆・勇　秀憲 共著 | 192 | 2300円 |
| 6. | （4回） | 河川工学 | 川合　茂・和田　清<br>神田佳一・鈴木正人 共著 | 208 | 2500円 |
| 7. | （5回） | 水理学 | 日下部重幸・檀　和秀<br>湯城豊勝 共著 | 200 | 2600円 |
| 8. | （6回） | 建設材料 | 中嶋清実・角田　忍<br>菅原隆 共著 | 190 | 2300円 |
| 9. | （8回） | 海岸工学 | 平山秀夫・辻本剛三<br>島田富美男・本田尚正 共著 | 204 | 2500円 |
| 10. | （9回） | 施工管理学 | 友　久　誠　司<br>竹　下　治　之 共著 | 240 | 2900円 |
| 11. | （21回） | 改訂測量学Ⅰ | 堤　　　隆著 | 224 | 2800円 |
| 12. | （22回） | 改訂測量学Ⅱ | 岡林　巧・堤　隆<br>山田貴浩・田中龍児 共著 | 208 | 2600円 |
| 13. | （11回） | 景観デザイン<br>―総合的な空間のデザインをめざして― | 市坪　誠・小川総一郎<br>谷平　考・砂本文彦<br>溝上裕二 共著 | 222 | 2900円 |
| 14. | （13回） | 情報処理入門 | 西澤辰男・長岡健一<br>廣瀬康之・豊田　剛 共著 | 168 | 2600円 |
| 15. | （14回） | 鋼構造学 | 原　隆・山口隆司<br>北原武嗣・和多田康男 共著 | 224 | 2800円 |
| 16. | （15回） | 都市計画 | 平田登基男・亀野辰三<br>宮腰和弘・武井幸久<br>内田一平 共著 | 204 | 2500円 |
| 17. | （17回） | 環境衛生工学 | 奥村　充　司<br>大久保　孝　樹 共著 | 238 | 3000円 |
| 18. | （18回） | 交通システム工学 | 大橋健一・柳澤吉保<br>高岸節夫・佐々木恵一<br>日野　智・折田仁典<br>宮腰和弘・西澤辰男 共著 | 224 | 2800円 |
| 19. | （19回） | 建設システム計画 | 大橋健一・荻野　弘<br>西澤辰男・柳澤吉保<br>鈴木正人・伊藤　雅<br>野田宏治・石内鉄平 共著 | 240 | 3000円 |
| 20. | （20回） | 防災工学 | 渕田邦彦・疋田　誠<br>檀　和秀・吉村優治<br>塩野計司 共著 | 240 | 3000円 |
| 21. | （23回） | 環境生態工学 | 宇野　宏　司<br>渡部　守　義 共著 | 230 | 2900円 |

定価は本体価格+税です。
定価は変更されることがありますのでご了承下さい。

図書目録進呈◆

# 建築構造講座

（各巻A5判，欠番は品切です）

| 配本順 | | | 頁 | 本 体 |
|---|---|---|---|---|
| 7.（13回） | 改訂 建 築 材 料 | 佐 治 泰 次編著 | 368 | 5500円 |
| 15.（11回） | 骨 組 の 弾 性 力 学 | 鷲 尾 健 三<br>鬼 武 信 夫共著 | 354 | 5300円 |
| 17.（ 9回） | 建 築 振 動 学 | 田治見　　宏著 | 224 | 2500円 |

# 計算工学シリーズ

（各巻A5判）

| 配本順 | | | 頁 | 本 体 |
|---|---|---|---|---|
| 1.（5回） | 一般逆行列と構造工学への応用 | 川 口 健 一著 | 224 | 3300円 |
| 2.（2回） | 非線形構造モデルの動的応答と安定性 | 藤井・瀧・萩原<br>本間・三井共著 | 192 | 2400円 |
| 3.（4回） | 構造と材料の分岐力学 | 藤 井 文 夫<br>大 崎　　純共著<br>池 田 清 宏 | 204 | 2600円 |
| 4.（3回） | 発見的最適化手法による<br>構造のフォルムとシステム | 三井・大崎・大森<br>田川・本間共著 | 198 | 2600円 |
| 5.（1回） | ボット・ダフィン逆行列とその応用 | 半 谷 裕 彦<br>佐 藤　　健共著<br>青 木 孝 義 | 156 | 2000円 |

定価は本体価格+税です。
定価は変更されることがありますのでご了承下さい。

図書目録進呈◆